交通
百科

公路运输总汇

交通百科编委会　编著

中国大百科全书出版社

图书在版编目（CIP）数据

公路运输总汇 / 交通百科编委会编著． -- 北京：
中国大百科全书出版社，2025.1. --（交通运输）.
ISBN 978-7-5202-1704-0

Ⅰ．U4-49

中国国家版本馆 CIP 数据核字第 20251B3P15 号

总 策 划：刘　杭　郭继艳
策 划 人：马　蕴
责任编辑：马　蕴
责任校对：梁嬹曦
责任印制：王亚青
出版发行：中国大百科全书出版社有限公司
地　　址：北京市西城区阜成门北大街 17 号
邮政编码：100037
电　　话：010-88390811
网　　址：http://www.ecph.com.cn
印　　刷：唐山富达印务有限公司
开　　本：710mm×1000mm　1/16
印　　张：10
字　　数：100 千字
版　　次：2025 年 1 月第 1 版
印　　次：2025 年 1 月第 1 次印刷
书　　号：ISBN 978-7-5202-1704-0
定　　价：48.00 元

总　序

这是一套面向大众、根植于《中国大百科全书》第三版（以下简称百科三版）的百科通俗读物。

百科全书是概要记述人类一切门类知识或某一门类知识的完备的工具书。它的主要作用是供人们随时查检需要的知识和事实资料，还具有扩大读者知识视野和帮助人们系统求知的教育作用，常被誉为"没有围墙的大学"。简而言之，它是回答问题的书，是扩展知识的书。

中国大百科全书出版社从1978年起，陆续编纂出版了《中国大百科全书》第一版、第二版和第三版。这是我国科学文化建设的一项重要基础性、标志性、创新性工程，是在百年未有之大变局和中华民族伟大复兴全局的大背景下，提升我国文化软实力、提高中华文化国际影响力的一项重要举措，具有重大的现实意义和深远的历史意义。

百科三版的编纂工作经国务院立项，得到国家各有关部门、全国科学文化研究机构、学术团体、高等院校的大力支持，专家、学者5万余人参与编纂，代表了各学科最高的专业水平。专家、作者和编辑人员殚精竭虑，按照习近平总书记的要求，努力将百科三版建设成有中国特色、有国际影响力的权威知识宝库。截至2023年底，百科三版通过网站（www.zgbk.com）发布了50余万个网络版条目，并陆续出版了一批纸质版学科卷百科全书，将中国的百科全书事业推向了一个新的高度。

重文修武，耕读传家，是我们中国人悠久的文化传承。作为出版人，我们以传播科学文化知识为己任，希望通过出版更多优秀的出版物来落实总书记的要求——推动文化繁荣、建设中华民族现代文明，努力建设中国式现代化强国。

为了更好地向大众普及科学文化知识，我们从《中国大百科全书》第三版中选取一些条目，通过"人居环境""科学通识""地球知识""工艺美术""动物百科""植物百科""渔猎文明""交通百科"等主题结集成册，精心策划了这套大众版图书。其中每一个主题包含不同数量的分册，不仅保持条目的科学性、知识性、准确性、严谨性，而且具备趣味性、可读性，语言风格和内容深度上更适合非专业读者，希望读者在领略丰富多彩的各领域知识之时，也能了解到书中展示的科学的知识体系。

衷心希望广大读者喜爱这套丛书，并敬请对书中不足之处给予批评指正！

《中国大百科全书》编辑部

"交通百科"丛书序

  交通运输是人类社会的基本需求，是国民经济中基础性、先导性、战略性产业，是重要的服务性行业。铁路、公路、港口、航道、站场、邮政、民航、管道等公共设施以及各种交通运输载运工具，为人的流动和商品流通提供基本条件，是社会有效运转的基础。交通运输衔接生产和消费两端，保证了人类在政治、经济、文化、社会、军事等方面的交往和联系，在优化国家产业布局、促进经济结构调整、服务社会、改善民生、维护国防安全等方面，起到了重要的支撑和引领作用。

  自中华人民共和国成立，中国交通运输经历了从"瓶颈制约"到"初步缓解"、从"基本适应"到"总体适应"的发展历程，快速缩小与世界一流水平的差距，在多个领域实现超越。中国已经建成全球最大的高速铁路网、高速公路网、世界级港口群，航空和海运通达全球。中国高铁、中国路、中国桥、中国港、中国快递成为靓丽的中国名片。规模巨大、内畅外联的综合交通运输体系有力服务和支撑着中国作为世界第二大经济体和世界第一大货物贸易国的运转。交通运输缩短了时空距离，加速了物资流通和人员流动，深刻改变了中国城乡面貌，有力促进了城乡一体化进程，不仅有力保障了国内国际循环畅通，也为世界经济发展做出了重要贡献。

  为便于广大读者全面地了解各类交通运输知识，编委会依托《中国大百科全书》第三版交通运输工程学科各分支领域内容，精心策划了"交通百科"丛书。根据主要交通运输方式，编为《航空运输概览》《铁路、桥隧、机车》《公路运输总汇》《水路运输》《邮政》《中外著名港口》《管道运输和综合运输》《智能交通改变生活》等分册，图文并茂地介绍了各类交通运输方式的发展历史、现状和趋势。

希望通过《中国大百科全书》第三版大众版"交通百科"丛书的出版，帮助读者朋友广泛地了解更安全、更便捷、更高效、更绿色、更智能的交通运输系统。传播科学知识，弘扬科学精神，助力交通强国建设，带来更美好的生活！

交通百科丛书编委会

目　录

第2章 公路工程 33

第3章 公路运输节能减排 87

第4章 公路环境保护 97

第5章 交通工程学 113

第 1 章

道路运输车辆

货物运输汽车

货物运输汽车是指获得道路运输许可，从事经营性道路货物运输的载货汽车、挂车和汽车列车。按照运输货物的性质，可分为普通货物运输汽车、专用货物运输汽车、大件运输专用车辆和危险货物运输汽车。

货物运输汽车主要用于道路普通货运、道路货物专用运输、道路大型物件运输和道路危险货物运输等。货物运输汽车应符合《中华人民共和国道路运输条例》（国务院令）、《道路货物运输及站场管理规定》（交通运输部令）、《超限运输车辆行驶公路管理规定》（交通运输部令）、《道路危险货物运输管理规定》（交通运输部令）等要求，结构配置、技术参数和性能应当符合《道路车辆外廓尺寸、轴荷及质量限值》（GB 1589）、《机动车运行安全技术条件》（GB 7258）、《营

货物运输汽车

运货车燃料消耗量限值及测量方法》（JT/T 719）、《营运货车安全技术条件》(JT/T 1178)、《危险货物道路运输营运车辆安全技术条件》(JT/T 1285）等标准的规定；在用货物运输汽车应按照《道路运输车辆技术管理规定》（交通运输部令）要求进行维护、修理、性能检测等。

普通货物运输车

普通货物运输车是指在敞开（平板式）或半封闭式（栏板式）或封闭（厢式）载货空间内载运普通货物的车辆。可具有牵引挂车的功能。

普通货物运输车运输的是普通货物，与特殊货物相对应，主要是指在运输与保管方面没有特殊要求的各种货物。普通货物运输车的分类方法比较多，按照不同的方法、功能或用途，有着不同的分法。

按照货厢的类型划分，可以分为栏板式载货汽车／挂车、厢式载货汽车／挂车、仓栅式载货汽车／挂车、平板式载货汽车／挂车、自卸式载货汽车／挂车、封闭式载货汽车等。

按照车辆的类型划分，可以分为普通货物运输载货汽车、普通货物运输挂车及其组成的汽车列车。普通货物运输载货汽车又称载货汽车，设计和制造上主要用于载运货物或牵引挂车的汽车，包括：①装置有专用设备或器具但以载运货物为主要目的的汽车；②由非封闭式货车改装的，虽装置有专用设备

普通货物运输车

或器具，但不属于专项作业车的汽车。普通货物运输挂车是设计和制造上需由汽车牵引，才能在道路上正常使用的无动力道路车辆，包括牵引杆挂车、中置轴挂车和半挂车，用于载货运输或者特殊用途。普通货运汽车列车由汽车（低速汽车除外）牵引挂车组成，包括货车列车和铰接列车（又称半挂汽车列车）。

半挂车

半挂车是指均匀受载时挂车质心位于车轴前面，装有可将垂直力和／或水平力传递到牵引车辆的连接装置的挂车。

当半挂车均匀承载时，半挂车车轴（轴组）位于车辆重心后面，前中部左右安装有可升降的支承装置（也称支腿），在半挂车与半挂牵引车未连接时，与车轴共同承担半挂车重量。半挂车通过其前下部的牵引销及其座板与半挂牵引车的牵引座连接，组成半挂汽车列车（也称铰接列车），实现货物运输。半挂车根据上装结构，分别有栏板半挂车、厢式半挂车、集装箱运输半挂车、罐式半挂车等多种形式，用于不同货物的运输。半挂车多为 2～3 轴，也有 1 轴和多于 3 轴的半挂车。

半挂汽车列车的载运量大，行驶时稳定性较好，是汽车道路运输发达国家常用的车型。

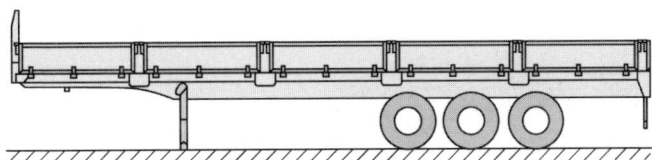

半挂车示意图

牵引杆挂车

牵引杆挂车是指至少有两根轴的挂车。具有一轴可转向、通过角向移动的牵引杆与牵引车连接、牵引杆可垂直移动连接到底盘上且不能承受任何垂直力等特点。牵引杆挂车在 20 世纪 80 年代前是中国道路货物运输主要工具之一。

牵引杆挂车至少有两根车轴。其前轴通过安装在其上方的转盘实现转向，通过安装在其前方的、可上下垂直移动的牵引杆与牵引车连接。牵引杆挂车的牵引杆围绕着挂车车架可上下垂直移动，通过其前端的牵引环与牵引车连接，不能承受任何垂直力。牵引杆挂车按照上装结构有不同的结构形式，如栏板式、罐式和厢式等，常见的为栏板式。

中置轴挂车

中置轴挂车是指牵引装置不能垂直移动（相对于挂车），车轴位于紧靠挂车重心（当均匀载荷时）的挂车。其作用于牵引货车的垂直静载荷，不超过挂车最大设计总质量的10%或10000牛（两者取较小者）。

中置轴挂车前端牵引环处承受较小的垂直载荷。其中一轴或多轴可由牵引车来驱动。中置轴挂车前端通过与挂车车体连接成一体的刚性牵引杆与牵引车连接，其刚性牵引杆相对于挂车车体不能上下垂直移动。

20 世纪 80 年代前，中置轴挂车是中国农村用小功率拖拉机运送货物的

中置轴挂车示意图

主要工具之一。小吨位的中置轴挂车大多用来做旅居挂车、部队后勤用车、农村拖拉机牵引运送货物等。由于中置轴挂车与牵引货车组成汽车列车后具有较好的通过性和较强的运载能力，中国货运行业正在推广使用，尤其是在汽车物流行业，中置轴车辆运输车已上路行驶。

中置轴挂车按照上装不同分为厢式、栏板、框架等结构形式，一般为厢式挂车。

平板运输车

平板运输车是指载货部位的地板为平板结构且无栏板的车辆。

根据是否具有动力，可以分为平板运输载货汽车和平板运输挂车。平板运输载货汽车主要用于运输一些故障车辆等小型不可拆解的特殊物体。平板运输挂车是生活中常见的大型载重车辆，多用于运输较大型的挖掘机、装载机、收割机等不可拆解的物体，其承重能力强的特点使其在经济发展过程中起到了重要作用。由于平板运输车没有栏板，货物一

平板运输挂车

般情况下无法靠与车辆间的摩擦力保持稳定不动状态，因此对于采用平板运输车运输的货物通常需要对货物进行捆绑固定。

低平板专用半挂车从结构上来看，也是平板运输挂车的一种，其主要结构和技术特征为：①轮胎名义断面宽度不超过245毫米；②与牵引车的连接为鹅颈式；③采用低货台（货台承载面离地高度不大于1150毫米）。

栏板式运输车

栏板式运输车是指载货部位由栏板（包括前板、后板和左、右侧板）围成的汽车和挂车。

根据栏板高度，栏板式运输车可分为低栏板（栏板高度不大于800毫米）和高栏板（栏板高度大于800毫米）。低栏板式运输车主要用于钢材、木材、石材等建筑材料和其他大型货物的短途运输。高栏板式运输车主要用于生活垃圾、砂石、煤炭、零担货物、农副产品等零散货物的运输。

栏板式运输车

从20世纪50年代至21世纪初，中国载货汽车以栏板车为主。由于栏板式运输车没有顶板，同时栏板通常可以通过铰链进行拆装，因此可以从多个方向进行货物装卸，甚至可通过吊车和叉车进行装卸，货物装卸方便，提高了装卸效率。同时，栏板车厢对货物的局限性小，能满足超长、超宽、超高的货物运输需求，尤其是建筑材料。

随着中国物流行业的发展，货物种类和数量不断增加，对运输车辆提出了更高要求。但由于栏板式运输车运输的货物暴露在外，不能对货物提供防尘、防雨、防盗、防侵害等安全防护，且载货容积小，所以栏板式运输车逐渐退出了长途运输车型领域的主导地位，取而代之的是仓栅式运输车和厢式运输车。

厢式运输车辆

厢式运输车辆是指具有独立、封闭的车厢或与驾驶室一起构成整体式的封闭结构车厢，用于运输货物的汽车和挂车。简称厢式车。

厢式运输车辆与普通汽车相比，具备封闭独立的结构车厢，因而运输条件、卫生条件以及货物的安全性、完好性等得以显著地改善。厢式运输车在运输中也存在一些问题，如厢体及专用装置的维修量较大等。

厢式运输车辆按功能可分为运输用厢式汽车和作业用厢式汽车。其中，运输用厢式汽车可分为客厢式和货厢式，客厢式车厢与驾驶室一般为整体式结构，货厢式车厢与驾驶室一般为分体式结构。作业用厢式汽车包括电视转播车、运钞车、餐车、

厢式运输车辆

住宿车、医疗急救车等。

厢式运输车辆按结构特征，可分为普通结构厢式汽车和特殊结构厢式汽车。其中，普通结构厢式汽车包括客车和零担货物运输车，特殊结构厢式汽车可分为翼开启式、卷帘门式、活动顶盖式、容积可变式等。

仓栅式运输车

仓栅式运输车是指载货部位为仓笼式或栅栏式结构车厢的汽车和挂车。

仓笼式运输车按其车厢形式，可分为敞开式车厢和封闭式车厢两种。敞开式车厢运输车，其车厢为高栏板，两边栏板或后栏板可以开启，装有专门防雨装置。封闭式车厢顶部开有装料口，装料口可以方便地操纵和控制。此外，车厢开启栏板边沿装有密封装置，保证运输过程中不会发生泄漏。

栅栏式运输车车厢多为两层或三层结构，多层结构的车厢运输效率高，适用于长途运送牲畜、家禽等，设有便于牲畜上下车的门梯。该门梯通常利用后厢板翻下作为登坡板，也有采用电动或液压动力的提升登坡板。有的车辆还专门设有排污系统，包括牲畜粪

仓栅式运输车

便的收集、清除和污水槽等。有些车厢在其底板装有不锈钢板,防止底板腐蚀。为防止牲畜在汽车上下坡或急刹车时挤在一起,车厢应装有分仓隔板。为便于夜间装卸和查看,通常在车厢内适当部位设置夜间照明装置。

仓栅式运输车主要有散装粮食运输车、散装饲料运输车、牲畜运输车、家禽运输车、养蜂车等。其中,散装粮食运输车、散装饲料运输车为仓笼式运输车,牲畜运输车、家禽运输车、养蜂车等为栅栏式运输车。

大件运输专用车辆

大件运输专用车辆是指设计和制造上用于进行大件运输的专用车辆,包括大件运输牵引车辆和大件运输挂车。

大件运输是指运载单个不可解体物品时,车货的总长度、总宽度、总高度、总质量、轴荷至少有一项超出《汽车、挂车及汽车列车外廓尺寸、轴荷及质量限值》(GB 1589—2016)规定的道路运输。不可解体物品是指通过道路运输的,具有不可拆解特性,或被拆解为两个或多个部分将导致破坏风险或过高费用的大型物体。

大件运输牵引车辆是指外廓尺寸、质量、轴数、轴荷至少有一项超出《汽车、挂车及汽车列车外廓尺寸、轴荷及质量限值》(GB 1589—2016)规定,专门用于牵引大件运输挂车的牵引车辆。

大件运输挂车是指外廓尺寸、质量、轴数、轴荷至少有一项超出《汽车、挂车及汽车列车外廓尺寸、轴荷及质量限值》(GB 1589—2016)规定,用于运载不可解体物品的挂车,可以由单一车辆或多个模块单元组成。

常见的大件运输挂车有液压悬挂挂车、大件运输专用低平板半挂车、模块单元车。液压悬挂挂车是指具有 3 个或更多支点的液压悬挂系统，能够实现货台升降、液压牵引全轮转向和手控全轮转向功能，用于大件运输的挂车；可以由采用液压悬挂的模块单元车、附件及其他辅助设备等进行组合。大件运输专用低平板半挂车是指采用低货台结构，与牵引车的连接方式为鹅颈式，一般采用非液压悬挂形式，设计和制造上用于大件运输的半挂车。模块单元车是由车架、车轴／车桥、悬挂、制动系统、转向系统、液压系统等组成，能够实现承载、升降和转向功能的单元式挂车；可以独立承载，也可以进行拼接组合；可以采用液压悬挂，也可以采用其他悬挂。

双挂汽车列车

双挂汽车列车是指由三个车辆单元通过两个铰接点组成的汽车列车。

标准化的双挂汽车列车，与传统列车相比具有更高效、更安全、更经济、更环保、更灵活、更节省道路空间的优点，能够满足公路、铁路和水路联运的要求，是中长途公路运输的理想选择。

典型车型主要包括三种：第一种车型是半挂牵引车＋半挂车＋中置轴挂车的组合；第二种是半挂牵引车＋半挂车＋半挂车（俗称双半挂汽车列车）；第三种是货车牵引车＋半挂牵引拖台＋半挂车。

双挂汽车列车是欧洲、美国、澳大利亚基于道路基础设施条件为提高道路运输效率而逐步推广应用的一种列车形式。欧洲典型的双挂汽车列车构成均是标准化的车辆单元，两个单元一个以 7.82 米短单元为主，一个以 13.6 米长单元为主，总长度为 25.25 米，最大允许车货总重为 60 吨。

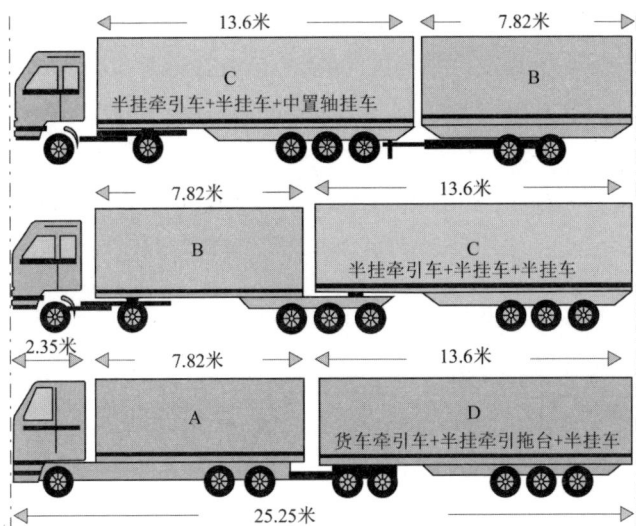

双挂汽车列车车型示意图

《中华人民共和国道路交通安全法实施条例》第五十五条规定：载货汽车、半挂牵引车、拖拉机只允许牵引一辆挂车。因此，双挂汽车列车虽然各构成部分质量和尺寸均符合国家要求，但仍不被允许上路行驶。中国国内的一些科研院所和企业正在开展产品设计、技术研究与试点运行准备等相关工作，以推动双挂汽车列车的发展，提高道路运输效率，实现降本增效的目的。

双半挂汽车列车

双半挂汽车列车是指一辆铰接列车与一辆半挂车的组合。

与其他双挂汽车列车的结构型式相比，双半挂汽车列车中的第一辆

双半挂汽车列车示意图

半挂车结构较为特殊，半挂车自身就带有牵引座，且纵梁和轴组可根据需要伸长和缩短。在仅与半挂牵引车组成铰接列车在道路上行驶时，该半挂车后部带有的牵引座及轴组结构在控制装置的作用下能够从外面缩回到车架内，从外表看起来和普通的半挂车一样。但在需要与第二辆半挂车进行连接组成汽车列车时，牵引座和轴组在控制下自动伸出到规定位置，从而实现通过所携带的牵引座与第二辆半挂车连接组合形成双半挂汽车列车的功能。

多挂汽车列车

多挂汽车列车是指一辆牵引车辆与三辆及以上挂车的组合。

欧美在积极推广应用双挂汽车列车的基础上，还在积极探索和试点更长的多挂汽车列车。由于各国道路设施规范的不同，多挂汽车列车的组合形式、总质量和长度不完全相同。《商用道路车辆多挂汽车列车车辆之间机械连接装置强度要求》（ISO 18868—2013）定义了一种常见的多挂汽车列车，该多挂汽车列车由半挂牵引车＋半挂车＋半挂牵引拖台＋半挂车构成，且以多运输两个 13.6 米的长载货单元为主。在其他国家应用的多挂汽车列车根据挂车组合形式的不同还有很多形式。

多挂汽车列车与传统普通汽车列车相比，由于具有更长的长度、更大的装载空间以及更高的装载质量，因此相对而言也更高效、更经济、更环保、更节省道路空间。当然，由于采用了标准化的箱体单元以及由标准化箱体单元构成的标准化车辆单元，因此也就具备了向下的兼容性，能够与新增的牵引车辆在一定规则下组成较短的双挂汽车列车和单挂汽车列车，能够实现与铁路和海洋联合运输的需求，具有较强的灵活性。为了适应更大的载重质量和更大的长度，因此对车辆的安全性也有更高的要求，自动紧急制动系统、车道偏移报警装置、电子稳定性控制系统等先进的主被动安全装置应用普遍。与普通汽车列车相比更长的长度也导致其通过性相对不足，对道路基础设施的要求也比较高，需要在更高等级公路上才能通行。

半挂牵引拖台

半挂牵引拖台是指可承载半挂车牵引传递的载荷，并与牵引车辆相连接组成双挂或多挂汽车列车的专用装置。一般作为双挂汽车列车或多挂汽车列车前后连接的专用设备。通常由牵引杆、拖台架、车轴（含车轮、悬架、制动器等）、牵引座及相关电路系统、气路系统等组成。

半挂牵引拖台在促进汽车列车从简单的单挂模式向双挂甚至多挂模式发展中起到了巨大的推动作用，可极大提高物流运输效率。在北美、欧洲和大洋洲，半挂牵引拖台的技术发展已经十分成熟，使用双挂汽车列车进行运输作业时，可以在保证汽车列车轴荷满足标准法规要求的同时，显著提高单次货物运输量，其燃油消耗量较单挂汽车列车只有小幅增加。在中国，由于受到车辆外廓尺寸和安全行驶等方面的法规限制，

单轴半挂牵引拖台示意图

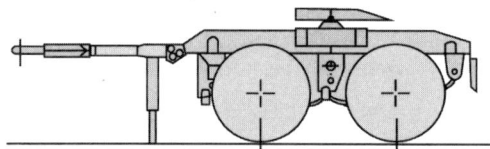

双轴半挂牵引拖台示意图

双挂汽车列车推广使用尚待时日，这也直接限制了半挂牵引拖台技术在中国国内的发展。

按轴数，可将半挂牵引拖台分为单轴半挂牵引拖台和双轴半挂牵引拖台。在实际应用中，主要是依据后部连接半挂车分配在拖台牵引座上的轴荷来确定。由于不同国家和地区对车辆轴荷限值规定不一样，所以半挂牵引拖台轴数的选择要综合考虑车辆轴荷限值的标准要求和载荷分配因素。

按半挂牵引拖台与挂车（或单车）的连接方式，可以将半挂牵引拖台分为 A 型拖台和 C 型拖台。A 型半挂牵引拖台为拖台牵引杆结构型式呈 A 字形，牵引杆前端（A 顶点）的牵引环与前挂车（或单车）的连接座相连接，具有结构强度好、转向灵活等优点。C 型半挂牵引拖台为拖台的两侧有两个平行的牵引杆，通过两个牵引杆前端的牵引环分别与前挂车（或单车）的连接座相连接。起源于加拿大，具有连接稳定性好的优点，但转向灵活性较差。国际上，A 型半挂牵引拖台主要应用于美国、欧洲和澳大利亚等国家和地区，C 型半挂牵引拖台主要应用于加拿大。

单挂汽车列车

单挂汽车列车是指一辆牵引车辆与一辆挂车的组合。是与双挂汽车列车和多挂汽车列车相对应的汽车列车类别。

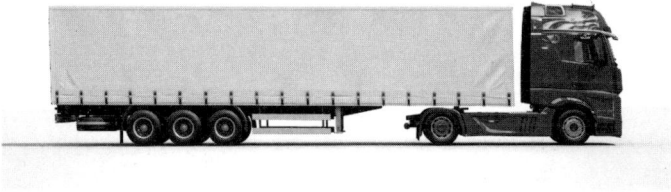

单挂汽车列车

根据所牵引挂车类型的不同，单挂汽车列车可以分为铰接列车（半挂汽车列车）、中置轴挂车列车和牵引杆挂车列车（全挂汽车列车）。

根据汽车列车发展的历史进程，在中国最早使用并从事道路货物运输的是牵引杆挂车列车。为了克服牵引杆挂车列车行驶稳定性和制动安全性较差的缺点，在此基础上发展的是铰接列车。为解决铰接列车运输乘用车时运输效率不足，以及构建中国标准化车型体系发展甩挂运输和多式联运的需要，发展中置轴挂车列车，包括厢式中置轴挂车列车和中置轴车辆运输列车。刚性杆挂车列车在中国尚未正式使用。

铰接列车

铰接列车是指半挂牵引车与半挂车的组合，又称半挂汽车列车。

半挂牵引车自身没有承载货物的载货区域，铰接列车的所有货物均装载于半挂车上，半挂牵引车通过牵引座与牵引销的接触区域承担挂车转移到牵引车上的货物质量。

铰接列车在中国应用最早的地区是上海。1959 年，上海采用自制 SH41 型 4 吨载货汽车改装半挂牵引车牵引一辆 8 吨的半挂车，并在上海得到广泛应用。其他地区由于缺乏半挂牵引车，所以铰接列车应用发展较慢。在很多情况下，铰接列车优于全挂汽车列车：铰接列车车体短，货箱相对长，适宜长距离干线运输；最小转弯直径小，自重轻，机动性好，省油，装卸货物方便，在混合交通公路行驶时，造成人身伤害的事故少。烟台运输公司 1981 年运输统计表明，载重 8 吨的铰接列车与全挂汽车列车相比，前者运输成本降低 14.9%，燃油消耗降低 7.3%。联邦德国（今德国）对总重 38 吨的半挂列车与全挂列车比较，前者比后者燃料消耗下降 13%，维修费用下降 17.5%，年折旧费下降 47.8%，整个运输成本下降 5.1% 左右。

在中国，铰接列车的发展机遇始于原交通部开展公路集装箱运输和公路零担运输，10 吨型箱（集装箱）/ 货（散货）两用铰接列车得到快速发展。截至 20 世纪末，中国半挂车产量和保有量已经超过全挂车。由于全挂汽车列车道路行驶安全性问题，《中华人民共和国道路交通安全法》规定，全挂汽车列车不得进入高速公路行驶，至此全挂汽车列车逐步退居次要地位，铰接列车成为中国干线公路运输的绝对主力车型。

货车列车

货车列车是指由牵引货车和牵引杆挂车或中置轴挂车组成的汽车列车。

根据组成挂车车型的不同，可分为中置轴挂车列车和牵引杆挂车列车，其中牵引杆挂车列车又称全挂汽车列车。货车列车组成车型中的中置轴挂车列车和牵引杆挂车列车均具有牵引杆的结构特点，因此，货车列车也可以称之为牵引杆类挂车列车。

货车列车

在 20 世纪 90 年代以前，牵引杆挂车列车是中国从事道路货物运输的主力车辆类型，后逐步由军用转为民用，逐步由小吨位向大吨位发展，逐步由一车一挂向一车多挂再回到一车一挂的发展，虽然也出现了稳定性和制动性较差的现象，但为中国军事与经济建设做出了重大贡献。直至 20 世纪末，牵引杆挂车的产量与保有量才被半挂车所超越，《中华人民共和国道路交通安全法》禁止其进入高速公路的管理规定使牵引杆挂车列车的应用逐步减少，但依然在某些特定场景下发挥着作用。

中置轴挂车是国家标准《汽车、挂车及汽车列车外廓尺寸、轴荷及质量限值》（GB 1589—2016）新增的一种挂车类型，除中置轴车辆运输挂车外其与牵引杆挂车具有相同的车厢长度，在此基础上能与专用牵引货车组成中置轴挂车列车。

中置轴挂车列车

中置轴挂车列车是牵引货车和中置轴挂车的组合。

中置轴挂车解决了牵引杆挂车列车横向稳定性较差的问题，是欧洲模块化汽车列车中的重要组成部分，可以与其他车辆类型组成中置轴挂车列车、双挂汽车列车和多挂汽车列车，一般以运输长度为7.82米的短单元为主，以充分适应灵活多变的运输组织方式。

中国挂车的发展，最早应用的是牵引杆挂车，随后应用的是半挂车。随着国民收入水平的增长，人们对旅游方式的认识也发生了改变，欧美等国流行的旅居车辆尤其是中置轴式的旅居挂车不断被国人所接受。因此，在《道路车辆外廓尺寸、轴荷及质量限值》（GB 1589—2004）发布时新增了中置轴（旅居）挂车，并与乘用车组成乘用车列车，此时的中置轴挂车还没有用于货物运输的车型。

中国为提升运输效率，充分发挥货运车辆标准化的运输组织优势，在充分借鉴欧美等国家货运车型经验的基础上，在《汽车、挂车及汽车列车外廓尺寸、轴荷及质量限值》（GB 1589—2016）国家标准中增加了货运中置轴挂车。自此，货运中置轴挂车列车逐步进入中国道路货物运输的舞台。随着中国模块化汽车列车标准化车型的发展，中置轴挂车将发挥更大的作用。

牵引杆挂车列车

牵引杆挂车列车是牵引货车和牵引杆挂车的组合，又称全挂汽车列车。

牵引货车是载货汽车的一种，与半挂牵引车不同，其自身就具备载运货物的能力；牵引杆挂车与半挂车相比，不需要借助支承装置就能平稳放置。

牵引杆挂车列车是中国应用最早的汽车列车。早在 1952 年，原交通部运输局就组织进行牵引杆挂车列车的道路运输试验。1957 年，长春第一汽车制造厂第一批解放 CA10 载重 4 吨载货汽车出厂，大多数地区用该车牵引 3 吨和 4 吨双轴挂车。随着车辆制造技术的不断进步，牵引杆挂车列车逐渐成为中国道路运输的主要车型。但由于牵引杆挂车列车存在转向偏移距（牵引汽车前轴中心轨迹与挂车后轴中心轨迹偏差的距离）较大，挂车的直线行驶跟随性和稳定性较差，不能通过路幅较狭窄的急弯道，且制动稳定性差，易发生侧向偏摆，因此《中华人民共和国道路交通安全法》规定，全挂汽车列车不得进入高速公路行驶。至此，全挂汽车列车才逐步被铰接列车所替代，渐渐地不再是中国道路货物运输的主力车型，仅能在部分地区国道、省道或自有道路等非高速公路上行驶。

半挂牵引车

半挂牵引车是指装备有特殊装置用于牵引半挂车的汽车。

半挂牵引车属于机动车类的商用车辆并具有牵引功能，其自身不能够运输货物，与半挂车连接组成半挂汽车列车（又称铰接列车）后，才能开展相应的运输活动。一般是

半挂牵引车示意图

在半挂牵引车驾驶室后部、后桥的上前方装备有能够与半挂车连接的牵引座，实现与半挂车牵引销的机械连接，牵引座承受来自半挂车的压力并向半挂车传递来自牵引车的牵引力。

半挂牵引车方位示意图

半挂牵引车的牵引能力较强，适用于长途、重载运输，广泛应用于公路干线货物运输。在美洲地区，半挂牵引车的结构与中国国内有所差别，发动机前置、驾驶室更为宽敞，又称长头半挂牵引车。

中国半挂牵引车的技术水平有了较大提升，轻量化、新材料、新工艺等技术得到广泛应用，实现了车辆节能与环保。

牵引货车

牵引货车是指具有特殊装置用于牵引牵引杆挂车、中置轴挂车的货车。

　　牵引货车属于机动车类的商用车辆并具有牵引（拖拽）功能。其自身通过安装在车架上方的载运平台（货箱）运载货物，开展货物运输活动；也可以通过安装在其后部或后下部的机械连接装置，如牵引钩、牵引连接器等，牵引一辆牵引杆（全）挂车或中置轴挂车，组成货运汽车列车，实现货运汽车列车的高效运输。

　　牵引货车一般为中重型货车，载货部位有厢式、栏板式、罐式等形式，与牵引杆（全）挂车或中置轴挂车连接组成货运汽车列车后，开展中长途货物运输。牵引货车在设计生产过程中，从动力性、行驶稳定性等方面充分考虑了拖挂挂车的要求，并在牵引货车后尾部安装了用于连接挂车的机械连接装置、用于挂车制动和灯光信号控制的电气连接装置等。

　　牵引货车生产制造企业一般应在牵引货车的主要技术参数中明示出其准拖挂最大总质量，且牵引货车的最大总质量应大于准拖挂最大总质量；牵引货车空载行驶时不应牵引满载挂车，以确保汽车列车行驶安全。

单体货车

　　单体货车是指不具备牵引其他挂车功能的载货汽车。

　　单体货车一般不拖挂运输，其具备的牵引功能多用于救援拖拽或其他用途。根据运输货物的性质不同，单体货车载货部位有栏板、平板、封闭（厢式、罐式）等多种形式，车辆长度最长可到 12 米，车辆最大总质量为 31 吨或 32 吨，是支线运输、城市物流配送等中短途运输的主

普通单体厢式货车方位示意图

力车型。

单体货车可分为微型、轻型、中型、重型等几大类。根据驾驶室与封闭厢体的连接情况，又可分为封闭式单体货车和普通单体货车两大类。①封闭式单体货车的驾驶室与封闭厢体合为一体。②普通单体货车的驾驶室与封闭厢体各自独立。驾驶室的结构形式有单排、排半、双排三种：单排驾驶室只有一排座椅，可乘坐2～3人；排半驾驶室的前排座椅后部还有空间可布置一个小卧铺或放置杂物；双排驾驶室有两排座椅，

封闭式单体货车

可乘坐4～6人。随着人工成本的上升，配置双排驾驶室的车辆保有量逐年下降。

混凝土搅拌运输车

混凝土搅拌运输车是指装备有搅拌筒和动力系统等设备，用于运输混凝土的罐式专用运输汽车。

混凝土搅拌运输车是在载重汽车或专用运载底盘上，安装一种独特的混凝土搅拌装置的组合机械，包括搅拌筒、进出料装置、供水系统和液压传动系统等。它兼有载运和搅拌混凝土的双重功能，可以在运送混凝土的同时对其进行搅拌或扰动，这样就能保证被输送的混凝土拌合料不会产生初凝和分层离析。

根据运距和材料供应情况的不同，混凝土搅拌运输车有以下几种用途：①湿料输送。从预拌工厂的搅拌机出料口下料，运输车搅拌筒以进料速度运转。在运输途中，搅拌筒

混凝土搅拌运输车

旋转使混凝土不断地慢速搅动。到达施工现场后，搅拌筒卸出混凝土。②半干料输送。对尚未配足水的混凝土进行搅拌输送。③干料输送。把经过称量后的砂、石子和水泥等干料装入搅拌筒内，在输送车到达现场前加入水进行搅拌，搅拌完成后再反转出料。

按运载底盘结构型式的不同，混凝土搅拌运输车可分为普通载重汽车底盘和专用半挂式底盘，一般采用载重汽车底盘。按搅拌装置传动方式的不同，可分为机械传动和液压传动两类，最初中国国产的采用机械

传动，现普遍采用液压传动。按搅拌筒的动力供给方式的不同，可分为共用汽车发动机和增加搅拌筒专用发动机两类。

混凝土搅拌运输车用的汽车要求要有足够的载重能力和强劲的输出功率。结构设计要合理，操作方便，混凝土储罐卸料彻底，混凝土储罐及进、出料口耐磨性要好。

车辆运输车

车辆运输车是指专门为运输新生产汽车设计的货车、挂车及汽车列车等专用车辆。又称商品车运输车、轿运车。

车辆运输车按车型分类，可分为车辆运输货车、中置轴车辆运输挂车、半挂车辆运输车及中置轴车辆运输列车、车辆运输半挂列车等。中置轴车辆运输列车和车辆运输半挂列车相比，中置轴车辆运输列车的主要优点是：相同列车总长条件下，中置轴车辆运输列车的转弯性能明显比车辆运输半挂列车的好，同时其列车长度限值较大，可增加装载数。

根据结构特点，车辆运输车可分为开放式车辆运输车、半封闭式车辆运输车、全封闭式车辆运输车。开放式车辆运输车，其顶部和侧面没

车辆运输车

有厢板和固定框架遮盖，具有装载量大、装载车辆尺寸灵活等特点。开放式车辆运输方式已成为车辆运输的标准方式，也是最为经济的车辆运输方式，但也有被运输的车辆易受恶劣天气、道路上的杂物等侵害的不足。封闭式车辆运输车像盒子一样六面封闭，优点是可以保护被运输的车辆免受恶劣天气、道路碎片、偷盗及其他方面的损坏，但运输效率低和成本过高是其主要不足。半封闭式车辆运输车介于开放式车辆运输车和封闭式车辆运输车之间。

各类货物运输车示意图

专用货物运输汽车

专用货物运输汽车是指装有专用设备或经过特殊改装，从事专门货物运输任务的汽车和挂车。

在普通货物运输车辆基本车型的基础上装设专用车身，或用来完成某种货物装运的容器，以及完成某种作业项目的装备。经常使用的专用货物运输车多达数百种，在工业发达国家，专用汽车的品种可达千种以上。随着专用货物运输车的发展，越来越多的专用货物运输车采用为其专门设计的汽车底盘，以环保、节能、安全、高效为主线，更好地发挥专用货物运输车的特性。

按用途，可分为一般专用货物运输车和工矿生产用专用货物运输车。按结构特征，可分为厢式专用货物运输车（如运马车等）、罐式专用货物运输车（如低温液体运输车、液化气体运输车、杂项危险物品罐式运输车等）、专用自卸货物运输车（如污泥自卸车、运棉车、散装种子运输车等）、仓栅式专用货物运输车（如畜禽运输车、瓶装饮料运输车、养蜂车、桶装垃圾运输车等）、起重举升专用货物运输车（如随车起重运输车、航空食品装运车等）、特种结构专用货物运输车（如集装箱运输车、车辆运输车、渣料运输车等）等。

清障救援车

清障救援车是指装备有托举、平板、起重、牵引等机构，用于移除故障抛锚、交通事故、自然灾害等不能正常行驶的道路车辆的专用汽车。

◆ **主要类型**

清障救援车属于专项作业车范畴。按车身结构可以分为托吊型和平板型。①托吊型清障救援车，配有托臂和吊臂，两者既可连在一起成为一个整体，也可以分开各自独立，具有托牵和起吊等功能。托吊型清障救援车适用于对侧翻、滚落到沟里或路外的车辆救援，但是由于该型清障车车体笨重，操作不便，不适用于狭小受限环境下的救援作业。

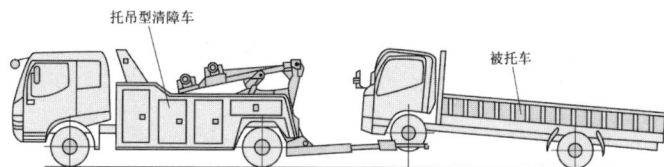

托吊型清障救援车

②平板型清障车，除配有托臂外，还配有平板机构，具有托牵和背载等功能。平板型清障车，适用于城市道路、高速公路等路面交通事故车辆或违章车辆的清理，受路面及作业环境的限制小，操作灵活简便。

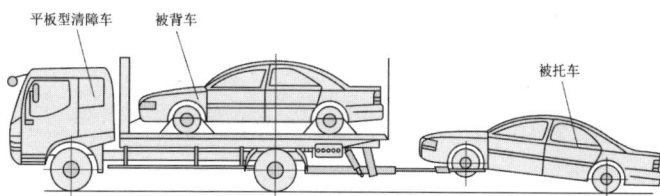

平板型清障救援车

◆ **发展历史**

道路清障救援技术最早诞生于 20 世纪初的美国。1916 年，美国人 E. 赫尔姆斯（Ernest Holmes）将一个三脚架和一套链条牵拉机构安装到一辆凯迪拉克汽车上，发明了世界上第一款用于清障救援事故车辆的清障车雏形，由此拉开了清障车发展的序幕。

20世纪20至50年代为清障救援车发展的第一阶段。在载货汽车的基础上改装，增加了滑轮、钢丝绳和卷扬机等装置。采用拉杆支撑的方式，由卷扬机带动钢丝绳牵拉事故车辆的一端，将其拖离现场，功能较为单一。

20世纪50至70年代为清障救援车发展的第二阶段。以引入液压传动与控制技术为标志，伴随第一批采用全液压传动的清障车生产，涌现出一批著名的清障救援车生产企业，如Vulcan、Century等。这个时期新技术逐步应用，清障车的生产制造工艺得到了很大的发展，使得清障车拥有了更多的功能。同时针对不同事故形态而改变设计规格和结构型式，出现了部分专用底盘，清障车的分类也呈现多样化。

20世纪80年代至今为清障救援车发展的第三阶段。这个阶段是清障车快速发展时期，国际上知名的清障车生产企业有美国的米勒、JERR-DAN、福特以及加拿大的NRC等。从超重吨位的半挂式清障车到最小吨位的皮卡式清障车，从75吨多功能重型清障车到专托摩托车的小型清障车，清障车结构多样、功能齐全，具有托举、起吊、托牵、牵拉、背载、破拆、维修等功能。

◆ **现状及趋势**

在中国，清障救援车的制造始于20世纪80年代中期，主要对国外发达国家的先进技术和成果进行引进和消化吸收，经历了整体引进、吸收仿制到自主创新的过程。清障车从依靠进口到开始出口，实现了从单一品种、单一功能到多品种、多功能的突破。

随着现代日益发展的汽车工业、液压技术、电子技术和新材料的广泛应用，中国清障救援车技术正向模块化、轻量化、智能化的方向发展。

清障救援车品种多、功能全，结构新颖、制造精良。清障救援车的工作能力正逐步向两极分化：轻型皮卡式清障救援车能在道路拥挤和狭窄的巷道内进行清障；除了 5 轴重型清障救援车以外，半挂式平板清障救援车能在高速公路上对大型客车进行清障。高强度塑性材料、铝型材，以及不锈钢等新材料也开始应用于清障救援车。

在系统监控、集成控制等方面，采用先进的电子控制技术和装备，例如配备吊臂防超载预警、拖曳全程动态监控、施救避撞自保护、无线遥控操作、实时语音报警、GPS 调度系统等多项先进的电子辅助装置，使清障救援车具有安全、可靠、高效、便捷等显著特点。

危险货物运输汽车

危险货物运输汽车是指设计和制造用于运输危险货物的车辆。包括汽车、半挂牵引车、半挂车及半挂牵引车与半挂车组成的汽车列车。又称危险货物道路运输车辆。

◆ 技术要求

因货物具有危害性，运输车辆不仅起到载运工具的作用，也应避免车辆本身的结构、设计不当导致危险货物出现不可控状态。法律法规和技术标准等对危险货物运输车辆提出了安全要求，主要包括车辆的制动系统、轮胎、发动机及排气系统、外观标志及主动安全设备应用等方面。中国对危险货物运输车辆的安全要求分为两种类型：一是适用于全部 9 类危险货物运输车辆的通用要求，二是适用于特定类型危险货物运输车辆的安全要求。危险货物运输车辆应定期进行安全检验并保持车辆技术状况符合营运车辆的相关规定。

◆ 分类标准

危险货物运输车辆的分类与其所运输的货物种类相关，根据所运输危险货物类别的不同，车辆的结构、安全配置也有较大的差异。按照中国国家标准《危险货物运输车辆结构要求》（GB 21668—2008）的规定，危险货物运输车辆主要分为 EX/Ⅱ型和 EX/Ⅲ型、FL 型、OX 型和 AT 型。EX/Ⅱ型和 EX/Ⅲ型主要用于运输爆炸品，结构型式为厢式货车或罐式车辆；FL 型用于运输易燃液体和易燃气体；OX 型用于运输过氧化氢溶液；AT 型用于运输不属于上述类型的液体或气体的危险货物。FL 型、OX 型和 AT 型车辆均指罐式汽车、罐式半挂车或罐式集装箱运输半挂车，用于牵引罐式集装箱半挂车的牵引车，移动式压力容器也在上述规定的范围内。技术标准对上述不同类型车辆的电气装置、防火要求、限速装置等提出了技术要求。除上述分类外，根据使用用途的不同，车辆分类还包括剧毒

危险货物运输汽车

化学品运输车、医疗废物运输车、烟花爆竹运输车等类型。

◆ **外观标志**

危险货物运输车辆应粘贴或悬挂专门的外观标志。标志的种类、图案，根据所运输的货物种类有所差异。外观标志主要用于突发事件中向救援人员传递货物的类别、危害信息，此外，用于行驶过程中对其他车辆起到警示作用。

旅客运输汽车

旅客运输汽车是指获得道路运输许可，从事经营性道路旅客运输的车辆。

旅客运输汽车主要用于班车（加班车）客运、包车客运、旅游客运等。在中国，旅客运输汽车应符合《中华人民共和国道路运输条例》（国务院令）和《道路旅客运输及客运站管理规定》（交通运输部令）的要求，结构配置、技术参数和性能应当符合《道路车辆外廓尺寸、轴荷及质量限值》（GB 1589）、《机动车运行安全技术条件》（GB 7258）、《营运客车类型划分及等级评定》（JT/T 325）、《营运客车燃料消耗量限值及测量方法》（JT/T 711）、《营运客车安全技术条件》（JT/T 1094）等标准的规定；在用旅客运输汽车应按照《道路运输车辆技术管理规定》（交通运输部令）要求进行维护、修理、性能检测等。

从事城市内旅客运输的汽车包括城市公共汽车和电车，应符合《城市公共汽车和电车客运管理规定》（交通运输部令）的规定，公共汽车结构与底盘配置、安全性、动力性、舒适性及服务设施应满足《公共汽车类型划分及等级评定》（JT/T 888）的要求。

旅客运输汽车主要用于班车客运、包车客运、旅游客运等。为加强道路运输车辆技术管理，保持车辆技术状况良好，保障运输安全，2016年1月14日，中国交通运输部发布了《道路运输车辆技术管理规定》（2016年第1号部令），要求从事道路旅客运输的车辆应进行维护、修理、综合性能检测等。

公路工程

公路工程材料

公路工程材料是指用于公路设施建设和养护的土木工程材料及其混合料，主要包括砂石材料、沥青、水泥等。

公路工程材料种类繁多，常用的有碎石、砾石、石屑、砂等砂石材料，沥青、乳化沥青、泡沫沥青等胶结料，水泥、石灰、粉煤灰等无机结合料，聚合物改性剂、乳化剂、减水剂等。公路工程材料的矿物组成或化学成分及其组成结构，如石料的矿物组成、水泥的矿物组成、沥青的化学组分和胶体结构等，对材料的技术性能有着显著的影响，决定了材料的基本特性。公路工程材料也在不断地进步与发展，有力支撑了公路服役性能的提升。

公路工程材料的基本技术性能主要包括物理性能、力学性能、耐久性和工艺性等。只有全面地掌握这些性能的主要

沥青混合料

影响因素、变化规律，正确评价材料性能，才能合理地选择和使用材料。例如，沥青具有显著的感温性，在 -40℃ ～ +160℃ 的施工和工作温度范围内，沥青随着温度的降低变硬、变脆，随着温度的升高变软、变黏，从低温到高温经历了从固态到半固态再到液态的变化。

乳化沥青稀浆混合料

乳化沥青稀浆混合料是将乳化沥青、矿料、填料、水和添加剂等按照一定配合比拌和成的浆状混合物。

公路工程实际中用到的稀浆混合料主要包括稀浆封层混合料和微表处混合料。这种混合料由于刚刚搅拌出来后有很好的流动性，因此称为稀浆混合料。

由于使用了乳化沥青，使得稀浆混合料与使用热沥青的热拌沥青混合料相比有明显的差异，最重要的有 3 点：一是它实现了常温拌和、常温摊铺；二是它施工过程中呈稀浆状态，摊铺后稀浆混合料无须碾压自然固化成型，因此其施工工艺和方法与热拌沥青混合料完全不同；三是稀浆混合料在摊铺和成型过程中存在着复杂的物理、化学变化。与热拌沥青混合料相比，更易受到外界条件（如温度、湿度、风力、日照等）和各组分材料品种、性质的影响。

稀浆混合料由于施工状态明显与热拌混合料不同，因此有一套特殊的施工性能评价指标，包括可拌和时间、成型速度等；此外，由于稀浆混合料主要用于薄层摊铺的稀浆封层和微表处，因此它的路用性能指标也与热拌混合料有很大不同，如湿轮磨耗值等指标。

无机结合料稳定材料

无机结合料稳定材料是指在各种粉碎或原状松散的土、碎（砾）石、工业废渣中，掺入适当数量的水泥、石灰或工业废渣等无机结合料，与水一起拌和得到的性能满足要求的混合料。

无机结合料稳定材料具有稳定性好、板体性好等特点，广泛用于修筑路面结构的基层和底基层，尤其是在中国公路路面基层和底基层材料中处于主导地位。

无机结合料稳定材料根据材料的不同，主要分为以下类型：以水泥为结合料的称为水泥稳定材料，包括水泥稳定级配碎石、水泥稳定级配砾石、水泥稳定石屑、水泥稳定土、水泥稳定砂等；以石灰为结合料的称为石灰稳定材料，包括石灰碎石土、石灰土等；以两种或两种以上材料为结合料的称为综合稳定材料，包括水泥石灰稳定材料、水泥粉煤灰稳定材料、石灰粉煤灰稳定材料等；以水泥或石灰为结合料，以煤渣、钢渣、矿渣等工业废渣为主要被稳定材料，通过加水拌和形成的混合料，称为工业废渣稳定材料。

不同的无机结合料稳定材料，其特点各不相同。从材料强度角度讲，水泥稳定材料的早期强度高；二灰稳定粒料的早期强度低，但是强度随时间增长的幅度大。从施工质量控制角度讲，水泥稳定粒料的配合比比较容易控制，只需要预防水泥和细集料雨淋，但是延迟时间对其密实度和强度的影响较明显；二灰稳定材料的配合比不容易控制，特别是粉煤灰原来就潮湿的情况下，但是延迟时间对其强度和密实度的影响不大。

石油沥青

石油沥青是从原油炼制加工得到的黑色或暗黑色固体、半固体或黏稠状物质。

石油沥青是重要的公路工程材料，也是应用最为广泛的沥青材料，在交通运输领域主要用于修建沥青混凝土路面。

石油沥青由石油馏分或渣油经溶剂脱沥青、氧化和调和等加工过程制得，是十分复杂的烃类和非烃类的混合物，其组成成分随原油及加工条件不同而不同，元素组成主要是碳和氢，两种元素占93%以上，还含有少量的硫、氮、氧等元素。由于很难将沥青分离为单体组分，国际上常采用组分分析法将石油沥青分为沥青质、胶质、芳香分和饱和分4个组分，或分为沥青质、胶质、油分3个组分。沥青各个组分的相对含量及胶体结构决定了石油沥青的技术性能。

鲁石化胜利炼油厂中国最大的沥青生产基地之一，产出50号A级道路沥青

石油沥青各组分中，沥青质是深褐色至黑色的无定形物质，其含量多少对沥青的流变特性有很大的影响；胶质是半固体或液体状的黄色至褐色的黏稠状物质，它赋予沥青以可塑性、流动性和黏结性，对沥青的延性、黏结力有很大的影响；芳香分由沥青中最低分子量的环烷芳香化合物组成，是胶溶沥青质的分散介质；饱和分由直链烃所组成，着润滑和柔软作用。

根据沥青胶体结构中胶团粒子大小以及在分散介质中的分散状态，沥青被分为溶胶结构型、凝胶结构型、溶－凝胶结构型 3 种类型。溶胶结构型沥青的黏性小而流动性大，温度稳定性较差；凝胶结构型沥青的弹性和黏结性较高，温度稳定性较好，但塑性较差；溶－凝胶结构型沥青的性质介于溶胶型和凝胶型两者之间。

热拌沥青混合料

热拌沥青混合料是由矿料、沥青胶结料等在温度 140℃ 以上拌制形成的混合料。

热拌沥青混合料是沥青路面建设和养护过程中应用最为广泛的材料，有很多种类型。

按技术品质和使用情况分类，沥青混合料主要包括沥青混凝土和热拌沥青碎石。沥青混凝土适用于各级公路面层；热拌沥青碎石宜用于中等交通及其以上的公路基层、底基层，也可用于改建工程的调平层。

按组成结构分类，包括悬浮密实结构——由连续级配矿料组成的密实沥青混合料；骨架空隙结构——粗粒料彼此紧密相接，细粒料较少，不足以充分填充空隙,矿料形成骨架,如开级配沥青碎石混合料(ATPB)、半开级配沥青碎石(AM)及开级配沥青磨耗层(OGFC);密实骨架结构——粗集料相互支撑嵌挤形成骨架,较细颗粒填充于骨架留下的空隙中间,使整个矿料结构呈现密实状态,如沥青玛蹄脂碎石混合料(SMA)。

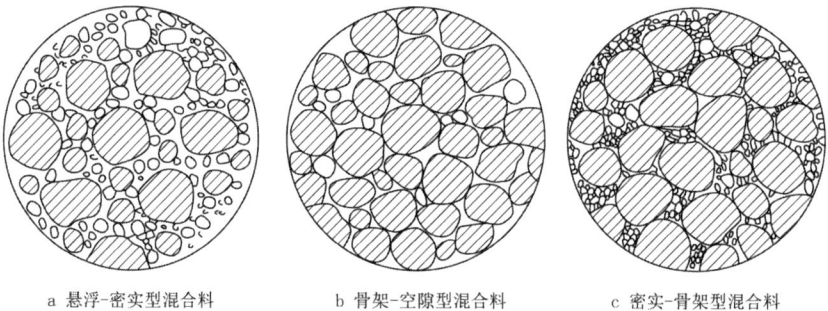

| a 悬浮-密实型混合料 | b 骨架-空隙型混合料 | c 密实-骨架型混合料 |

热拌沥青混合料按组成结构分类示意图

按矿料级配分类,包括密级配沥青混合料(AC、ATB)、半开级配沥青混合料(AM)、开级配沥青混合料(ATPB、OGFC)、间断级配沥青混合料(SMA)。

按照矿料粒径分类,包括砂粒式沥青混合料(矿料最大粒径≤4.75毫米)、细粒式沥青混合料(矿料最大粒径9.5毫米或13.2毫米)、中粒式沥青混合料(矿料最大粒径16毫米或19毫米)、粗粒式沥青混合料(矿料最大粒径26.5毫米或31.5毫米)、特粗式沥青混合料(矿料最大粒径≥37.5毫米)。

热拌沥青混合料的路用性能主要包括高温稳定性、低温抗裂性、抗水损坏性、疲劳特性等4个方面,要求选用符合要求的材料,充分利用同类道路与同类材料的施工实践经验，经设计确定配合比。

温拌沥青混合料

温拌沥青混合料是通过掺加添加剂或物理工艺等措施，使沥青混合料拌和温度降低、性能达到热拌沥青混合料同等水平的沥青混合料。

温拌沥青混合料是最近 20 年出现的新型沥青混合料，它通过技术措施降低混合料的拌和温度，同时又能保证材料性能与热拌沥青混合料处于同等水平。美国将其定义为比热拌沥青混合料拌和温度降低 30℃ 以上的沥青混合料，欧洲将其定义为比热拌沥青混合料拌和温度降低 10 ～ 40℃ 的沥青混合料，拌和温度在 100 ～ 150℃ 范围。由于降低了生产施工温度，温拌沥青混合料具有节能减排、保护环境的作用。

国际上沥青混合料的温拌技术多达数十种，概括起来主要分为以下五种类型：沥青－矿物法、温拌泡沫沥青混合料、有机添加剂法、表面活性剂法、机械发泡温拌法，其中前四类属于化学添加剂方法，最后一类是机械方法。化学添加剂方法主要是使用降黏剂或者引入微量的水分来降低沥青的高温黏度，但又不会降低沥青的常温黏度，这样可降低沥青混合料的拌和温度，而又不影响沥青混合料的路用性能。机械方法则是直接将沥青发泡，通过气泡的引入来降低沥青在拌和状态下的黏度。

冷拌沥青混合料

冷拌沥青混合料是指采用乳化沥青、泡沫沥青、液体沥青或低黏度沥青等作为结合料，在常温状态下与集料进行拌和而成的一种混合料，又称常温沥青混合料。

冷拌沥青混合料通过使用常温下呈液态的沥青材料，实现了常温拌和（冷拌）。过去由于结合料品质等方面的问题，冷拌沥青混合料主要用于等级较低公路的下面层、基层、连接层或整平层，或者用于沥青路面的坑槽修补。随着技术的进步，冷拌沥青混合料不仅可以用于高等级公路的中下面层，甚至有的还可以用于桥面铺装等条件非常苛刻的场合。

冷拌沥青混合料的配合比及结合料用量等要根据交通量、气候、集料情况、沥青标号、施工机械等条件以及当地实践经验，通过混合料设计确定，也可按热拌沥青混合料的沥青用量折算，实际的沥青残留物数量可较同规格热拌沥青混合料的沥青用量减少 10% ～ 20%。冷拌沥青混合料采用拌和厂机械拌和及沥青摊铺机摊铺的方式施工，缺乏厂拌条件时也可采用现场路拌及人工摊铺方式施工。

公路路基

公路路基是指按照路线位置和一定技术要求修筑的带状构造物，是路面的基础，承受由路面传来的行车荷载。

根据填挖差异，路基横断面可以分为路堤、路堑、填挖结合路基 3 种类型。

根据功能要求，公路路基在结构上分为上路床、下路床、上路堤、

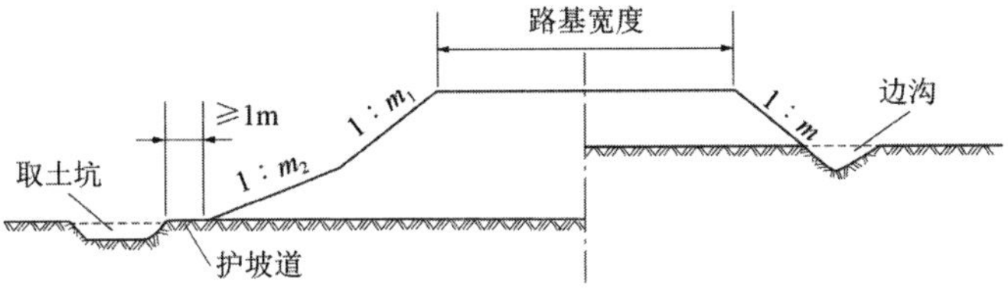

路堤示意图

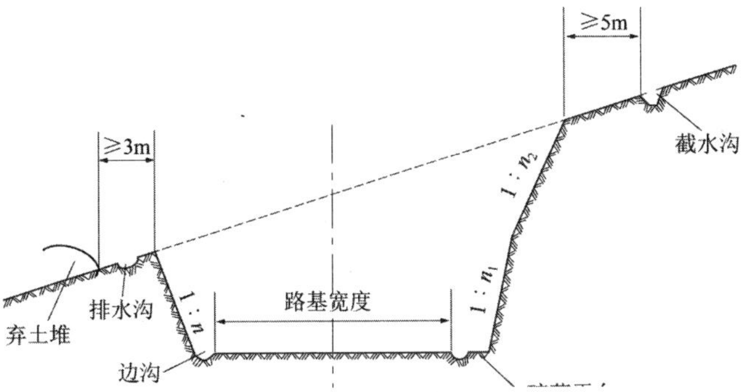

路堑示意图

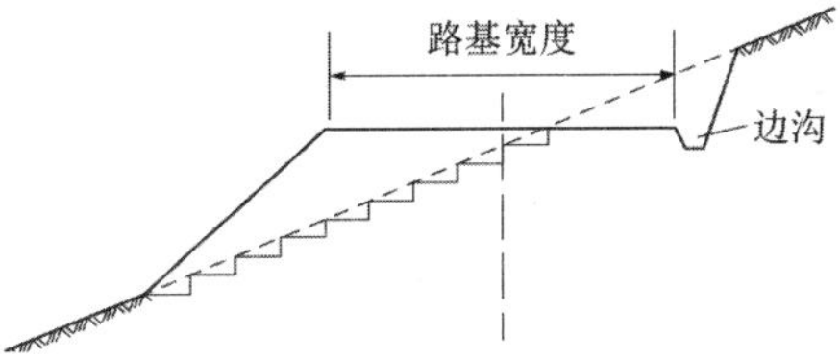

填挖结合路基示意图

下路堤等。公路路基主要由宽度、高度和边坡坡度 3 个要素构成。路基宽度主要取决于公路技术等级，路基高度主要取决于纵坡设计及地形，路基边坡坡度主要取决于地质、水文条件，并受边坡稳定性和横断面经济性等因素影响。路基设计应合理避免高填深挖，根据当地自然条件和工程地质条件选择适宜的路基横断面形式和边坡坡度。

公路路堑

公路路堑是指低于公路位置处原地面的挖方路基断面形式。

路堑边坡处于地壳表层，开挖暴露后受各种条件与自然因素的作用容易发生变形和破坏，要特别注意做好设计。路堑设计主要是确定断面形式和边坡坡度等。路堑边坡形式及坡率，应根据工程地质及水文地质条件、边坡高度、排水防护措施、施工方法等，结合自然稳定边坡、人工边坡的调查及力学分析综合确定，必要时可采用稳定分析方法进行验算。

公路路堑

路堑施工，尤其是深挖路堑施工时要格外注意边坡稳定性。对于土方工程，要自上而下开挖，在开挖过程中采取措施保证边坡稳定，采取临时排水措施确保施工作业面不积水。对于石方工程，需要根据岩石的类别、风化程度、岩层产状、岩体断裂构造、施工环境等因素确定开挖方案。施工产生的弃方，要按照弃土方案进行妥善处理，不得占用耕地，影响排洪和通航等。

公路路堤

公路路堤是高于公路位置处原地面的填方路基断面形式。

路堤在结构上分为上路堤和下路堤，上路堤是路床以下 0.7 米厚度范围的填方部分，下路堤是上路堤以下的填方部分。根据路堤填料的不同，路堤可以分为土方路堤、石方路堤、土石路堤等不同类型。地面斜坡陡于 1∶2.5 的路堤称为陡坡路堤。路基填土边坡高度大于 20 米的路堤被称为高路堤。

贵黄公路路堤

路堤高度应满足公路等级对应的路基不同频率设计洪水位要求，不小于中湿状态路基临界高度，季节冻土地区路堤高度不小于当地路基冻深。

路堤填筑选用级配较好的砾类土、砂类土等粗粒土作为填料。泥炭、淤泥土、冻土、强膨胀土、有机质土及易溶盐超过允许含量的土，不得直接用于填筑路堤。季节性冻土地区路堤不应直接采用粉质土填筑。路堤施工时应分层铺筑，均匀压实至规定的压实度。

填石路堤

填石路堤是用粒径大于 40 毫米且含量超过总质量 70% 的石料填筑的路堤。

填石路堤的填料为粒径较大的碎石，颗粒间黏结力较弱，其抗剪强度多由颗粒之间的摩擦力与嵌挤力来形成。当地基的不均匀沉降程度较小时，颗粒之间的嵌挤作用可以保证路基的整体性。

凯里公路填石路堤

并非所有的石料都可以用作填石路堤的填料，膨胀岩石、易溶性岩石不直接用于路堤填筑，强风化石料、崩解性岩石和盐化岩石不得直接用于路堤填筑，否则会影响路基稳定性。岩性相差较大的填料要分层或者分段填筑，严禁将软质石料与硬质石料混合使用，否则会产生不均匀沉降等问题。

挡土墙

挡土墙是支撑路基的填方、挖方或天然边坡以保持其稳定的结构物。

按照墙的设置位置，挡土墙可以分为路肩墙、路堤墙、路堑墙等类型。路肩墙和路堤墙设置在高填路堤或陡坡路堤下方，用于防止路基边坡或基底滑动，同时可起到收缩填土坡脚，减少填方数量，减少拆迁和占地面积的作用。路堑挡土墙设置在堑坡底部，主要用于支撑路堑开挖后不稳定的边坡，可以起到减少挖方数量、降低边坡高度、提高路堑边坡稳定性的作用。

按照结构形式和受力特点等的不同，挡土墙分为重力式挡土墙、半重力式挡土墙、石笼式挡土墙、悬臂式挡土墙、扶臂式挡土墙、锚杆挡土墙、锚定板挡土墙、加筋土挡土墙、板桩式挡土墙等类型。不同类型的挡土墙有其各自的特点，例如，重力式挡土墙形式简单，施工方便，适用性强，但是圬工量较大；悬臂式挡土墙自重轻，圬工省，适用于墙高较大的情况；地锚式挡土墙的特点在于构件断面小，工程量省，不易受地基承载力的限制。

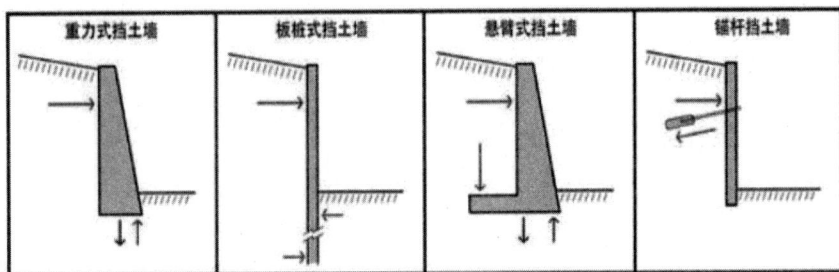

部分挡土墙结构示意图

地表排水设施

地表排水设施是指使水尽快排出公路地表范围以外，以减少水对路基危害的设施。

地表排水设施包括边沟、截水沟、排水沟、跌水与急流槽、蒸发池、排水泵站、渡槽、倒虹吸等。这些排水设施分别设置在路基的不同部位，具有不同的排水功能、布置要求、构造形式。其中前 3 种最为常见。

①边沟。为汇集和排除路面、路肩及边坡的流水在路基两侧设置的

纵向水沟，可用浆砌片石、混凝土预制块等砌筑。它的纵坡一般与路线纵坡一致，它的横断面形式有梯形、矩形、三角形、浅碟形等不同类型。②截水沟。为拦截山坡上流向路基的水而在路堑坡顶以外设置的水沟，又称天沟。截水沟的位置应尽量与绝大多数地面水流方向垂直，以提高截水效能和缩短沟的长度。③排水沟。将边沟、截水沟和路基附近低洼处汇集的水引向路基以外的水沟。排水沟应具有适宜的纵坡，既要水流顺畅不至于形成淤积，又不因流速过快产生冲刷。④急流槽。用以减缓水流速度或水面落差的坡度槽，用于汇集急流水和消减水流速，有效避免边坡和边沟冲刷。

马路边沟

⑤蒸发池。将边沟流水汇集的集水池；建于道路两侧，常用于气候干旱地区的排水困难路段，可加快积水的排出。⑥排水泵站。用于深度大、地质条件差、具有竖井式构造的集水池，实现大体量积水加快排出的动力设施。⑦倒虹吸。渠道与道路处于平面交叉时，使水从路面或河沟下穿过的立交排水构筑物。

道路排水沟

地下排水设施

地下排水设施是指排除路基范围内的地下水或降低地下水位的设施。当地下水影响路基强度或稳定时，应根据地下水类型、含水层埋藏深度、地层的渗透性等条件及对环境的影响，采取地下排水设施进行拦截、引排、疏干、降低或隔离。

路基地下排水设施包括暗沟、渗沟、排水垫层、隔离层等。①暗沟。相对于地面排水的明沟而言的，也称为盲沟，具有隐蔽工程的含义。它是在沟内填充粗颗粒材料，利用其渗水性将地下水汇集到沟内，并沿沟排至指定地点。②渗沟。采用渗透方式将地下水汇集到沟内并通过沟底通道将水排至指定地点，其作用是降低地下水位或者拦截地下水，但是构造上与盲沟有所不同。渗井属于水平方向的地下排水设施，它可以将路基范围内的上层地下水引入更深的含水层中，以减轻其对路基的影响。③排水垫层。采用高透水性材料将渗入路面结构内的水分，先通过竖向渗流进入，然后横向渗流引出路基的垫层形式。垫层底部应设置由密级配集料组成的反滤层或者反滤织物（土工布），以阻截下卧层中的细粒土迁入，保护排水基层免受其污染而堵塞。

路面面层

路面面层指直接承受车辆荷载及自然因素作用的路面结构层。

路面面层主要具有为行车提供一个平整、舒适、安全、抗滑的表面，以及将荷载传递到基层和路基的作用。

路面面层示意图

路面面层由于是设置在路表面的结构层，直接承受车轮荷载和自然因素的反复作用，在路基路面结构中是性能要求最高、单位工程造价最大、寿命衰变最快、维修养护最频繁的结构层。

二级及二级以上公路路面面层主要包括水泥混凝土面层、沥青面层两大类。水泥混凝土路面面层一般由一层水泥混凝土材料构成，厚度一般在 16～30 厘米。沥青路面面层自上而下又可以分为上面层、下面层两层或上面层、中面层、下面层三层，总厚度 5～30 厘米不等。其中，上面层应平整、抗滑耐磨、抗裂耐久，中、下面层应具有高密实、基本不透水的性能，下面层还应具有耐疲劳开裂的性能。

路面基层

路面基层指设于面层下方、主要承受由面层传递的车辆荷载，并将荷载分布到垫层或土基上的路面结构层。

对于高等级公路而言，基层一般由多层组成，等级低一些的公路只有一层基层。当基层为多层时，最下面的一层称为底基层。

根据材料类型和刚度的不同，基层可以分为柔性基层、半刚性基层、刚性基层三大类。柔性基层是指采用沥青混合料、级配碎石等柔性材料铺筑的基层，半刚性基层是指使用水泥、石灰等无机结合料稳定的半刚性材料铺设的基层，刚性基层则是使用水泥混凝土铺设的基层。根据结构形式可分为倒装式基层、组合式基层、全厚式基层等。

路面基层施工

发达国家较普遍采用柔性基层。中国早期公路大量采用的是柔性基层，后来随着高等级公路建设的快速发展，半刚性基层逐步取代柔性基层，成为公路路面基层的主要类型。刚性基层由于成本较高，一般较少采用。

垫　层

垫层指设于路基顶面，用于改善路基水温条件和路基刚度等的功能层。

垫层的主要作用是隔水（地下水、毛细水）、排水（渗入水）、隔温（防冻胀、翻浆），并传递和扩散由基层传来的荷载应力，保证路基在容许应力范围内工作。为了避免路基土侵入垫层的松散材料中影响其工作性能的发挥，有时会在垫层与路基之间设置土工布等反滤织物。

路面垫层

根据功能不同，垫层分为排水层、隔水层、防冻层等。例如，在季节性冰冻地区路面总厚度小于防冻最小厚度时，需要用垫层材料补足；水文地质条件不良的土质路堑，路床土湿度较大时，设置排水垫层；路基可能产生不均匀沉降或不均匀变形时，加设半刚性垫层。根据功能需要，垫层分别采用不同的材料修建，工程实践中常选用的材料主要是粗砂、砂砾、碎石、煤渣、矿渣等松散颗粒材料。工程中也会根据需要采用水泥、石灰等稳定的半刚性材料作为垫层。

黏　层

黏层指路面结构中为保证相邻结构层充分黏结而设置的功能层。

黏层通常设置在沥青层与沥青层之间、沥青层和半刚性基层之间、沥青层与水泥混凝土层之间，路缘石、雨水口、检查井等构造物与新铺沥青混合料接触的侧面也应喷涂黏层。

黏层材料采用快裂或中裂乳化沥青、改性乳化沥青，也可采用稀释沥青，其品种和用量应根据下承层的类型通过试洒确定。当黏层油上铺筑薄层大空隙排水路面时，黏层油的用量为 $0.6 \sim 1.0$ L/m^2；在沥青层之间兼作封层而喷洒的黏层油采用改性沥青或改性乳化沥青，其用量不少于 1.0 L/m^2。

黏层材料采用沥青洒布车喷洒，并选择适宜的喷嘴，洒布速度和喷洒量保持稳定。气温低于10℃、路面潮湿时不得喷洒黏层材料。喷洒的黏层材料必须呈均匀雾状，在

黏层

路面全宽度内均匀分布成一薄层，不得有洒花漏空或条带状，也不得有堆积。喷洒不足的要补洒，喷洒过量处应予刮除。喷洒黏层材料后，严禁运料车外的其他车辆和行人通过。黏层材料需在当天洒布，待乳化沥青破乳、水分蒸发完成，或稀释沥青中的稀释剂基本挥发完成后，紧跟着铺筑沥青层，确保黏层不受污染。

透 层

透层是为增强非沥青类材料层构筑的结构层与沥青混合料构筑的结构层之间的整体性而洒布的一层可下渗的沥青类材料。

沥青路面各类基层一般都需要喷洒透层油，沥青层必须在透层油完全渗入基层后方可铺筑。透层材料可根据基层类型选择渗透性好的液体沥青或乳化沥青，喷洒后透层油能够渗入基层一定的深度，并能与基层联结成一体。透层油可通过调节稀释剂的用量或乳化沥青的浓度得到适宜的黏度。

透层油采用沥青洒布车一次喷洒均匀，使用的喷嘴根据透层油的种

类和黏度选择并保证均匀喷洒。喷洒透层油前应清扫路面，遮挡防护路缘石及人工构造物避免污染，透层油必须洒布均匀。透层油洒布后不得在表面形成能被运料车和摊铺机粘起的油皮，透层油达不到渗透深度要求时，应更换透层油稠度或品种。

封　层

封层是为封闭表面空隙、防止水分侵入面层或基层，在面层或基层上铺筑的沥青薄层。

铺筑在沥青面层表面的称为上封层，铺筑在沥青面层下面、基层表面的称为下封层。上封层一般用于路面养护工程，下封层则经常是在新建工程中设置。

对于多雨潮湿地区公路，如果沥青面层空隙率较大，有严重渗水可能，或铺筑基层不能及时铺筑沥青面层而需通行车辆时，在喷洒透层油

贵黄公路封层施工

后铺筑下封层。基层上设置下封层时，透层油也不能省略。

封层可以采用单层沥青表面封层或者稀浆封层等。单层沥青表面封层的结合料可以采用改性沥青、道路石油沥青或乳化沥青。稀浆封层的结合料可以采用乳化沥青、改性乳化沥青。

公路路面

公路路面是指铺筑在公路路基上的、具有一定厚度的、供行人和车辆通行的单层或多层结构物。具有承受荷载，抵抗磨耗，避免扬尘、泥泞，保持表面平整、抗滑的作用。

从路面结构的力学特性和设计方法的相似性出发，路面分为柔性路面、刚性路面、半刚性路面等。按面层所用材料，路面分为沥青路面、水泥混凝土路面、砂石路面等。

刚性路面指面层板体刚度大、抗弯拉强度较高的路面，一般指水泥混凝土路面。半刚性路面指用石灰、粉煤灰、水泥等作结合料同土或集料制成混合料铺筑的路面结构。这类结构不耐磨耗，不能作为面层使用。

水泥混凝土路面　　　　　　沥青路面

砂石路面

柔性路面是指刚度小、抗弯拉强度较低，主要靠抗压、抗剪强度来承受车轮荷载作用的路面，主要是指沥青路面。由泥结碎石和级配碎石以及其他粒料所构成的路面，统称为砂石路面。

排水沥青路面

排水沥青路面是指表面层由空隙率 18% 以上的沥青混合料铺筑，路表水可渗入路面内部并横向排出的沥青路面类型，又称多空隙沥青路面。

排水沥青路面具有多孔特征，从而可以显著提高雨天行车的安全性、舒适性，同时也可以大幅降低交通噪声。

排水路面在提供了安全、低噪音的行驶表面的同时，也有较大的技术难度：一是由于混合料空隙大，沥青与空气、水分等接触面积大，石料是骨架接触，因此必须使用特种改性沥青增强其黏结性和耐久性；二是需要在排水层下设置良好的封水层，使渗透下来的水不会进一步渗透到下面的路面结构中；三是要有专用的高压泡沫水冲洗或吸尘等养护方法，保持路面空隙的畅通。

**排水沥青路面（左）与传统沥青路面（右）
在降雨后的对比**

国际上排水沥青路面的技术和应用经验比较成熟，日本、荷兰等国家的高速公路网中排水沥青路面应用率在 80% 以上。2000 年以后，中国也研究和应用了排水沥青路面，江苏、重庆等地都有很多成功应用的案例，对改善雨天行车安全发挥了积极作用。

抗凝冰路面

抗凝冰路面是指采用路面材料或热力方式使路面具有冰雪易融化或易移除功能的新型路面。

抗凝冰路面主要有三大类型：第一种是热力融雪法，即将路面加热的方法；第二种是弹性路面法，即增加路面表面弹性的方法；第三种方法是将低冰点填料添加在沥青混合料中，替代其中矿粉铺筑的路面或者在已有路面上洒布添加低冰点填料的涂层材料的方法。

热力融雪法，是利用热水、地热、燃气、电或太阳能等产生的热量使冰雪融化，如地热管法、电热丝法、流体加热法、发电电缆法、导电混凝土法等。

弹性路面法，最常用的方式是采用橡胶颗粒填充混合料。将废旧橡胶轮胎破碎成一定形状和粒径的颗粒，以骨料的形式直接添加于沥青混合料中，用以代替部分集料而形成的新型沥青混合料，用于路面铺装工程。由于橡胶颗粒具有较大的弹性变形能力，可以有效提高路面的变形能力，改善冰雪与路面的黏结状态，在车辆荷载作用下通过自应力可以有效抑制路面积雪结冰。

融雪材料法，是将氯化物或有机盐类等化学物质的盐化物通过一定工艺手段将其制成稳定的低冰点填料掺加到沥青混合料中，代替部分或全部矿粉，或代替部分细集料，这些材料在行车荷载或毛细管压力作用下不断释放出来，从而起到融冰雪或隔离冰雪与沥青路面冻结等作用。或将低冰点填料添加到雾封层、微表处等材料中，洒布于路面表层，起到融冰化雪的作用，即为融雪涂层法。

长寿命路面

长寿命路面是指使用寿命超过 40 年或 2 亿次 80 千牛标准轴载作用，无须结构性维修，相对于现有的路面其全寿命周期技术经济性更优的路面结构。

研究表明，在沥青层层底存在一个极限弯拉应变水平，当路面在荷载作用下应变低于这个水平时不会发生疲劳损坏，这一应变水平即为疲劳极限。长寿命路面设计理念就是基于此，控制住面层底部拉应变水平，从而使路面使用年限大为提高。

欧洲首先在重载交通道路上提出长寿命路面的概念，其基本设计理念是：获得 40 年使用年限，结构设计要求考虑设计标准轴次、荷载及轮胎压力及容易维修、施工适应性及施工速度、安全、耐久及可再生性能。美国长寿命路面设计理念是欧洲长寿命路面设计理念的发展，设计的沥青路面能使用 50 年以上、采用较厚的沥青层柔性路面，降低了传统沥青层层底开裂和避免结构性车辙，由于此路面的损坏仅限于路面顶部（25 ～ 100 毫米），因此只需要定期的表面铣刨、罩面修复，使得沥青路面在使用年限内不需要大的结构性重建。

路面设计寿命是计算设计交通量的基准年限，其本质是路面结构承受当量设计轴载的累计作用次数，而不是绝对时间的长短，国际上也已经改用轴载作用次数来定义长寿命路面。由于中国交通量增长迅猛、重载交通多，以累计轴载作用次数计算，中国很多路面已经达到国际上长寿命路面的标准。

降噪路面

降噪路面是通过路面材料设计，能减轻路面 / 轮胎相互作用产生噪声的功能性路面。

降噪路面的技术路径主要有 3 种。第一种是增加路面的空隙率，使路面多孔，以吸收噪声。当声音传入这种多孔的结构，在孔内多次反射，能量大大衰减，反射出去的声音就会很小。最常用的技术是开级配抗滑磨耗层（OGFC），它的设计空隙率一般为 15% ～ 25%，而常规的密级配沥青混合料的设计空隙率一般为 4%，前者的空隙率是后者的 4 ～ 6 倍以上，检测发现 OGFC 路面可降低行车噪声 3 ～ 5 分贝。减少

**重庆内环高速公路吉庆隧道和小泉隧道总长近 2 千米的路段
采用"聚合物透水降噪路面"技术修建，主车道绿色，
靠边的紧急停车道是红色**

3 分贝的噪声相当于和噪声源距离增加一倍、路面行驶车辆数减少一半
或者所有行车速度减少 25%。第二种是利用小粒径沥青混合料，通过声
波漫反射的方式降低路面噪音。最常用的技术是 SMA-5 和超薄磨耗层
（Novachip）。第三种方式是增加路面的弹性，减轻车辆的振动，从而
降低行车噪声。

弹性层状体系理论

弹性层状体系理论是对弹性半空间体上的弹性层状体系进行力学分
析时所采用的力学理论。

沥青路面设计以弹性层状体系理论为基础。弹性层状体系理论有以
下假设：①各层是连续的、完全弹性的、均匀的、各向同性的，位移和
变形是微小的。②最下一层在水平和垂直方向是无限大的，其上各层厚
度方向是有限的，水平方向是无限大的。③各层在水平方向无限远处以

及最下一层无限深处的应力、应变以及位移是零。

但是，沥青路面的实际情况与上述假设并不吻合，它在力学性质上属于非线性的黏弹塑性体，采用不同材料组成的路基路面结构在荷载作用下既有弹性形变，也有不可恢复的塑性变形，材料也不是各向同性的。考虑到行车荷载作用时间短，设计温度下路面结构黏弹塑性变形小，在沥青路面力学分析时仍将其视为线弹性体，应用弹性层状体系理论进行分析计算，必然带来理论分析与实际状况不完全吻合的情况。为了更加准确地描述沥青路面结构行为，非线性理论、塑性理论、黏弹性理论、流变学等应逐步引入路面力学计算，当前主要在研究领域，在实际路面设计中较少应用。

弹性地基板理论

弹性地基板理论指弹性地基上的小挠度薄板在垂直荷载作用下的力学分析理论。主要用于水泥混凝土路面结构设计。

弹性地基上的小挠度薄板在垂直荷载作用下的力学分析理论，主要用于水泥混凝土路面结构设计。

小挠度薄板是指板与地基之间光滑接触、没有摩擦力，且始终保持着变形的连续性，并符合如下假设：①同其他应力分量和应变分量相比，垂直于中面方向的正应力和正应变很小，可以忽略不计。由此，竖向位移（即挠度）沿板厚各点具有相同的数值，仅是平面坐标 (x,y) 的函数。②弯曲前垂直于板中平面的直线纤维，在弯曲后仍保持为直线并垂直于中曲面，因而，横向剪切应变。③中面上各点无平行于中面（和方向）

的位移。

卸载后可恢复变形的地基为弹性地基。弹性地基包括温克勒地基、弹性均质半空间地基和弹性层状半空间地基。①温克勒地基。以反力模量 K 表征的地基。1867 年，德国学者 E. 温克勒（E.Winkler）在研究铁路路基上部结构时提出了温克勒地基假设，即地基每单位面积上所受的压力与地基沉陷成正比。维斯特加德（Westgaard）引用温克勒地基假定建立了刚性路面应力分析模式，他提出地基反力只有垂直力，与板的挠度成正比。地基的反应力可以用一个系数 K 乘以这一点的挠度 z 来表示。系数 K 称为地基反应模量，是地基刚度的量度，模量 K 为常数，与挠度无关，在所考虑的面积内，所有各点均相同。②弹性均质半空间地基。假定地基为连续、均质、各向同性、完全弹性的半空间体。同一般弹性体一样，弹性均质半空间地基的力学特性也用弹性模量和泊松比来表示，地基表面的垂直位移与荷载的关系可以用均质半空间体表面受轴对称荷载作用时的位移计算公式来表示。③弹性层状半空间地基。将弹性半空间地基分成若干层具有一定厚度的弹性体系，假设各层由均质、连续的、均匀的、各向同性的线弹性材料组成，各层的力学特性用弹性模量、泊松比、厚度表示；最下一层为水平方向和竖直向下方向无限延伸的半无限体。其上各层在水平方向为无限大，但竖向具有一定厚度；材料的应力和应变呈直线关系；各层在水平方向无限远处及最下层无限深处的应力、变形和位移为零；各层分界面上的应力和位移完全连续（又称连续体系），或者仅竖向应力和位移连续，而层间无摩擦力（又称滑动体系）；不计各层材料自重。

沥青路面车辙

沥青路面车辙是由于车辆轴载过重、路面结构设计不合理、沥青混合料高温性能不良、原材料性能较差或施工质量失控等问题所造成的沥青路面行车道轮迹带处较为明显的竖向永久变形。

在中国，沥青路面车辙是高等级公路沥青路面一种主要的病害，除了影响行车舒适性外，对交通安全也有直接影响。

常见的车辙类型主要有结构型车辙、流动型车辙和压密型车辙。结构型车辙是由于荷载作用超过路面各层的承载能力（弹性极限），使沥青面层以下包括路基在内的各结构层产生永久性变形。这种车辙的宽度较大，两侧没有隆起现象，横断面呈 V 字形。流动型车辙，又称失稳型车辙，是路面在温度较高的季节经车辆碾压的反复作用，荷载的剪应力超过沥青混合料的抗剪强度形成的永久变形和塑性流动变形。这种车辙在车轮作用处下凹而两侧伴有隆起现象，构成 W 形车辙，且内外侧呈非对称形状。压密型车辙，则是由于压实度不足等原因导致沥青路面

沥青路面车辙

出现压密变形而形成的一种车辙病害，只是在轮迹带处有明显下凹，但两侧没有隆起现象。

路面设计寿命

对于沥青路面而言，路面设计寿命指在正常设计、施工、使用和养护条件下，路面不需要结构性维修的预定使用年限。对于混凝土路面而言，采用的是设计基准期的概念，它是指计算路面结构可靠度时考虑各项基本度量与时间关系所采用的基准时间段。

路面设计寿命是计算设计交通量的基准年限，其本质是路面结构承受交通荷载的当量设计轴载累计作用次数（设计基准期内临界荷位设计轴载的累计作用次数），即在使用年限内设计车道上当量轴次的总和，而不是绝对时间的长短，因此，当量设计轴载累计作用次数也是寿命的另一种表述。沥青路面高速公路、一级公路设计年限为 15 年，二级公路设计年限为 12 年，三级公路设计年限为 8 年，四级公路设计年限为 6 年。水泥混凝土路面高速公路、一级公路设计基准期为 30 年，二级公路设计基准期为 20 年，三级公路设计基准期为 15 年，四级公路设计基准期为 10 年。路面设计寿命不等于路面实际使用年限。

沥青路面和水泥路面设计年限（或设计基准期）不同，主要是根据两种路面结构类型的受力特点、结构计算模型、标准轴载（设计轴载）换算方法、材料的耐久性能、维修便利性等多方面因素确定的。总体而言，水泥混凝土路面是一种刚性路面，承载能力强，耐久性好，但养护维修不便，故采用更长的设计基准期。而沥青路面是一种柔性路面或半刚性路面，承载能力和耐久性相对而言不如水泥路面，但维修养护十分方便，故采用较短的设计年限。

路面在设计寿命期内并非要求完好无损，而是允许功能性病害的出现及进行数次维修养护。无论是中国国内还是国际上，无论选用什么样的路面结构、使用什么样的高性能材料，路面在寿命期内都需要数次维修养护，这是路面结构达到预期寿命的必要措施。

公路施工

公路施工指根据公路工程设计文件的要求,对公路构造物进行新建、扩建、改建或维修的行为。

公路施工是保证公路寿命和服务水平的重要环节,优质工程不仅要有良好的设计,而且在更大程度上取决于施工质量的好坏。

公路施工前,应做好施工准备工作,主要包括施工组织准备、施工技术准备、施工现场准备、物资材料准备、拌和场设置、试验路段铺筑等。

公路的每一个结构层都由一道或多道工艺施工工序完成。以填方路基为例,施工的主要工序有料场选择、测量放样、基底处理、路基填筑、整平和碾压等;再以沥青混凝土面层施工为例,施工工序一般包括下承层验收、测量放样、生产配合比设计、试拌试铺、混合料拌和、混合料运输、碾压、养护等。公路的整个施工过程必须遵照施工方案和标准规范的要求,精心组织、层层把关、严格要求,优化施工工艺,保证施工质量。全部工序完毕,经检查验收后方可交付使用。

压实度

压实度是筑路材料压实后的干密度与标准最大干密度之比。通常以百分率表示。

压实度是路基路面施工质量检测的关键指标之一，表征现场压实后的密度状况。压实度越高，密度越大，材料整体性能越好。路基路面不同层位的压实度要求各不相同。

沥青路面压实作业

对于路基、无机结合料稳定基层、粒料类柔性基层而言，压实度是指工地上实际达到的干密度与室内标准击实试验所得最大干密度的比值。对沥青面层、沥青稳定基层而言，压实度是指现场达到的密度与标准密度的比值。标准密度可以是实验室标准密度、试验段密度或者是混合料的最大理论密度。

影响路基、无机结合料稳定基层、粒料类柔性基层压实度的因素主要包括填料或矿料的级配与品质、含水率、每层压实厚度、压实机具、压实工艺等。影响沥青面层、沥青稳定基层压实度的因素主要包括矿料级配与品质、沥青标号、混合料温度、压实厚度、压实机具、压实工艺等。

路面平整度

路面平整度指路面表面相对于理想平面的竖向偏差。通常以最大间隙、颠簸累计值、国际平整度指数表征,它反映的是路面行驶质量的高低。

路面平整度是评定路面服务功能和工程质量的重要技术指标之一,它关系到行车的安全、舒适以及路面所受冲击力的大小和使用寿命。不平整的路表面会增大行车阻力,并使车辆产生附加的振动作用,这种振动作用会造成行车颠簸,影响行车的速度和安全,影响驾驶的平稳和乘客的舒适。同时,振动作用还会对路面施加冲击力,从而加剧路面和汽车机件的损坏和轮胎的磨损,并增大行车燃油的消耗。

当前,沥青路面基本都是采用摊铺机施工,正常情况下新建路面的平整度一般都是比较好的。但是,随着路面服役期的延长,路面平整度会逐渐变差,当超出一定范围时必须通过维修养护恢复路面平整度。

路面平整度有多种测量方法,可以分为断面类平整度测定方法和反应类平整度测定方法两大类。断面类平整度测定方法是实际测定路面表面凹凸情况,如最常用的三米直尺、连续式平整度仪等,还可以通过沿车辆轮迹精确测量路面表面高程得到,国际平整度指数 IRI 便是以此为基准建立的,自动化检测系统最常用的激光断面测试仪便是据此设计的。反应类平整度测定方法是利用路面凹凸不平引起的车辆振动颠簸,测得驾驶员和乘客直接感受到的平整度指标,常用的是车载式颠簸累积仪。

国际平整度指数 IRI 是世界银行推荐使用的标准的平整度测试指标,它是采用数学模型模拟 1/4 车(即单轮,类似于拖车)以规定速度(80 千米 / 时)行驶在路面上,分析具有特定特征参数的悬挂系在行驶距离内由于动态反应而产生的累积竖向位移量,以米 / 千米表示。

弯 沉

弯沉指在规定荷载作用下路基或路面产生的总垂直变形值（总弯沉）或垂直回弹变形值（回弹弯沉）。回弹弯沉是路基或路面在规定荷载作用下产生垂直变形，卸载后能恢复的那一部分变形。

路基弯沉检测

弯沉是沥青路面交竣工验收的主要指标，而且很长一段时期还是中国沥青路面的主要设计指标，它表征了路基路面的承载力，反映了路基路面各层次的整体刚度。路面回弹弯沉量不仅反映了路基路面结构的整体刚度和强度，而且还与路面的使用状态存在一定的内在联系，是旧路评价的重要指标。通常情况下，回弹弯沉值越大，路面结构的塑性变形也越大，同时抗疲劳性能也越差；反之，则路面结构的抗疲劳性能越好。造成弯沉值过大的原因，既与路基路面各层的材料性质、厚度、整体性、压实度等有关，也与温度等外界条件有关。不同的路面结构形式具有不同的路表弯沉值，因此不能单纯依靠弯沉的大小判断路面结构的剩余寿命。

常用的弯沉测定系统有：贝克曼梁弯沉仪、自动弯沉仪、落锤式弯沉仪。贝克曼梁弯沉仪测定的是最大回弹弯沉，自动弯沉仪测定的是最大总弯沉，两者都属于静态弯沉。而使用落锤式弯沉仪测定的是动态弯沉。动态弯沉测定可以获得路表弯沉曲线，而后可以据此反算得到各结构层的弹性模量值。

路面抗滑性能

路面抗滑性能是指车辆轮胎受到制动时沿路表面滑移所产生的抗滑力。

路面必须具备一定的抗滑性能，为行车安全提供保障。影响路面抗滑性能的内因主要是路面的宏观构造、微观构造。宏观构造是指路表面集料颗粒之间的构造纹理，微观构造主要指粗集料表面的微观纹理，与集料的磨光值密切相关。影响路面抗滑性能的外因则包括路面潮湿状况、行车速度等。

反应路面抗滑性能的指标主要有路面构造深度、路面摩擦系数、横向力系数等。路面构造深度，又称纹理深度，是路表面开口空隙的平均深度，即宏观构造深度（texture depth; TD），以毫米计。它是反应路面粗糙度的重要指标，可以采用手工铺砂法、电动铺砂仪、激光构造深度仪等进行检测。路面摩擦系数可以使用摆式仪进行检测，得到的摆值（British pendulum number; BPN）是反应路面抗滑性能的综合性指标。横向力系数则可以通过单轮式或者双轮式横向力系数测定系统进行检测，得到横向力系数（side-way force coefficient; SFC）值。

层铺法

层铺法是指集料和结合料分层铺设的路面施工方法。

公路工程中常见的层铺法施工主要有沥青表面处治、碎石封层、贯入式路面等。以三层式沥青表面处治为例，它的施工工艺应按下列步骤进行：首先清扫基层，撒布第一层沥青；然后立即用集料撒布机或人工撒布第一层主集料，要达到全面覆盖、厚度一致、集料不重叠、也不露出沥青的要求；撒布主集料后，立即用6～8吨钢筒双轮压路机从路边向路中心碾压3～4遍；然后按照第一层的施工方法完成第二、三层的施工。

沥青贯入式路面的施工工序是"先石后油"，按下列步骤进行：首先采用碎石摊铺机、平地机或人工摊铺主层集料；然后用6～8吨的轻型钢筒式压路机碾压主层集料，并检验路拱和纵向坡度符合要求；浇洒第一层沥青；采用集料撒布机或人工撒布第一层嵌缝料，撒布后尽量扫匀，不足处应找补并立即用8～12吨钢筒式压路机碾压嵌缝料，直至稳定为止；按上述方法浇洒第二层沥青、撒布第二层嵌缝料，然后碾压，再浇洒第三层沥青。

路拌法

路拌法是指采用机械或人工在道路路槽或沿线就地拌和混合料的施工方法。

路拌法施工具有施工简便、成本低的优势，且取材方便，可按现场实际需求进行拌和，在过去的很长一段时间是路面基层的主要施工方式。早期公路工程采用三铧犁、五铧犁、缺口圆盘耙、平地机等设备进行路拌法施工，后来采用大功率稳定土拌和机进行路拌法施工。但是，由于路拌法施工的材料配比主要依靠人工控制，容易产生配料不准的情况，施工不当会在拌和层底部留有素土夹层，减弱路面整体抵抗行车荷载的能力，因此中国公路新建工程中已较少采用路拌法施工。

路面养护工程使用的就地热再生、就地冷再生、全深式再生等技术，都是使用设备就地对路面进行再生拌和，均属路拌法施工。它大幅度减少了废旧材料的往返运输，表现出了较好的技术经济优势，在国际上均得到了较好的推广应用。

厂拌法

厂拌法是指在固定的拌和工厂或移动式拌和站拌制混合料的施工方法。

中国高等级公路半刚性基层以厂拌法生产为主，即在稳定土拌和厂生产基层混合料，底基层也有采用路拌法施工的情况。沥青混合料则几

拌和站

乎全部是厂拌法生产。

20 世纪 80 年代，中国引进和研制稳定土厂拌设备，形成以生产率 200 吨 / 时为主导的产品系列，为基层施工的厂拌化创造了条件；"七五""八五"期间引进了英国等的沥青混合料搅拌设备制造技术，经消化、吸收、国产化，大幅缩小了中国的产业差距，最大生产能力达到 240 吨 / 时，实现了沥青混凝土拌制的主要技术指标接近当时的国际先进水平。随着中国厂拌设备的进步，矿粉含量大、沥青用量高的沥青混凝土逐步取代沥青碎石，成为沥青面层的主要材料类型；基层、底基层施工逐步由路拌法施工转向集中厂拌法施工。

水泥混凝土三辊轴

水泥混凝土三辊轴是采用振捣机具和三辊轴整平机配合铺筑水泥混凝土面层的路面施工机械。其特征是需要在边缘架设固定模板，模板同时兼具三辊轴整平机轨道的功能。

水泥混凝土三辊轴具有振密、摊铺、提浆和整平功能，其主体部分

水泥混凝土路面三辊轴施工

为一根起振密、摊铺、提浆作用的偏心振动轴和两根起驱动整平作用的圆心轴。振动轴始终向后旋转，而其他两根轴则可以前后旋转。三辊轴摊铺机前进过程中，前振动轴逆时针方向高速转动，由于振动轴的

偏心布置，使与振动轴接触的砼料受到打击，使砼料表面的骨料下沉，砂浆上浮，起到提浆作用。另一方面，振动轴由后向前转动和三辊轴摊铺机向前行走的复合运动，使砼料表面受到向前的剪切切削作用，将振动轴前方高出的砼向前推移，行进过程中填平低陷地段，起到整平作用。后退时停止振动，实静滚压，消除振动轴击打砼料时留下的条痕。通过振动轴前行振动，振动力通过砼料将振动能传递到砼料内部，使砼料内部进一步密实，从而达到整平振实目的。

水泥混凝土滑模摊铺机

水泥混凝土滑模摊铺机指自身具有摊铺、振实、整平等功能，无须设立固定模板就能连续铺筑水泥混凝土的路面施工机械。

水泥混凝土滑模摊铺机的特点是不架设边缘固定模板，能够一次完成布料摊铺、振捣密实、挤压成型、抹面修饰等混凝土路面摊铺功能。其优点主要包括：①施工效率高，速度快，滑模摊铺机主要采用能随机活动的模板代替人工支固定模板的施工方式，大大节省人力、物力，同时提高摊铺速度。②摊铺厚度较大，可一次成型。水泥砼滑模摊铺机摊铺厚度最大可达 50 厘米，振捣成型一次完成。③自动化程度高。滑模摊铺机配备较先进的计算机自动控制和智能化操作

水泥混凝土滑模摊铺机

系统，可以保证施工连续性，另外配备缩缝传力杆自动插入装置，大幅简化了施工流程，减轻工人的劳动强度。④滑模施工工艺施工的水泥砼有较好的平整度和高弯拉强度，滑模摊铺配备自动抹平系统，通过熨平板整平后再由抹平板对缺陷修复和精平，具有较好的平整度。滑模摊铺自重压实，液压高频振捣棒使混凝土达到较高密实度。

公路养护

公路养护是为保持公路经常处于完好状态，延缓使用质量下降，并向公路使用者提供良好的服务而进行的作业。公路养护包括公路保养与公路维护。公路保养侧重于从建成通车开始的全过程养护，公路维护侧重于对被破坏的部分进行修复。

公路建成通车后，因承受车轮的磨损和冲击，受到暴雨、洪水、风沙、冰雪、日晒、冰融等自然力的侵蚀和风化，以及人为的破坏和修建

公路养护工人除雪保畅通

时遗留的某些缺陷，公路使用质量会逐渐降低。因此，公路建成通车后必须采取养护维修措施，并不断进行更新改善。公路养护必须及时修复损坏部分，否则将导致修复工程的投资加大，缩短公路的使用寿命，并给用路者造成损失。公路维修还必须注意进行紧急服务和抢修，保持公路畅通无阻。在中国及其他发展中国家，公路养护还要对原有技术标准过低的路段、构造物和沿线设施进行局部改善、更新和添建，以提高公路的通行能力和服务水平。

全深式再生

全深式再生指采用专用设备对沥青层及部分下承层进行就地翻松，同时掺入一定数量的新矿料、再生结合料、水等，经过常温拌和、摊铺、碾压等工序，形成新路面结构层的再生利用方式。

国际上，全深式再生是对全部沥青层和一定深度的下承层材料（基层、底基层、路基）进行就地冷再生。在中国工程实践中，有些工程会将部分或全部沥青层铣刨后，对部分下承层进行就地冷再生，中国标准将这一工艺也纳入全深式再生的范畴。

全深式再生适用于二级公路的中面层、下面层、基层、底基层，以及三、四级公路的各个结构层位。用于三、四级公路表面层时应做微表处、稀浆封层等，作为磨耗层。

预防性养护

预防性养护指公路整体性能良好但有轻微病害，为延缓性能过快衰减、延长使用寿命而预先采取的主动防护工程。

交通主管部门或者公路管理机构，为了降低全寿命周期费用，将养护工作提前至尚未出现病害或者仅出现轻微病害之时，通过早养护实现少养护，通过早投入实现少投入。中国《公路养护技术规范》要求公路养护工作应贯彻"预防为主，防治结合"的方针，体现了预防养护的要求。《公路养护工程管理办法》将预防养护作为养护工程的四种类型之一。

以沥青路面的预防养护为例，采用的工程技术主要包括雾封层、碎石封层、微表处、稀浆封层、超薄罩面、薄层罩面、就地热再生等的功能恢复技术，其厚度一般不超过4厘米，不会显著提高路面结构承载能力。实施的目的主要包括：封闭路面表面细小裂缝与裂隙，提高路面的防水性能；防止路面表面松散，减缓原路面的老化；提供表面磨耗层，提高路面的耐磨耗性能；提高路面的抗滑性能；改善路面外观和容貌等。

公路技术状况评价

公路技术状况评价是采用科学、客观、定量的评价方法对公路基础设施服役性能进行的综合评判。

公路技术状况评价包含路面、路基、桥隧构造物和沿线设施四部分评价内容。采用公路技术状况指数MQI和相应分项指标路面使用性能指数PQI、路基技术状况指数SCI、桥隧构造物技术状况指数BCI、沿线设施技术状况指数TCI表示，分为优、良、中、次、差五个等级。

MQI 和相应分项指标的值域为 0 ～ 100。其中，路面使用性能采用路面使用性能指数 PQI 评价，对于沥青路面而言，包含路面损坏、平整度、车辙、抗滑性能和结构强度五项技术内容，分别采用路面损坏状况指数 PCI、路面行驶质量指数 RQI、路面车辙深度指数 RDI、路面抗滑性能指数 SRI、路面结构强度指数 PSSI 等表征。水泥混凝土路面使用性能评价包含路面损坏、平整度和抗滑性能三项技术内容。砂石路面使用性能评价只包含路面损坏一项技术内容。

结构性补强

结构性补强指路面出现明显病害或部分丧失服务功能，为恢复路面技术状况而进行的结构性修复养护工程。

结构性补强适用于路面结构强度不足、旧路病害严重、需要改善使用性能的路面。根据路面结构强度状况、主要病害类型与数量、严重程度、产生原因等因素，确定采用局部病害处治或病害铣刨处治后结构性补强措施。

结构性补强可分为面层补强、基层与面层同时补强两大类：沥青路面结构强度不足可采用沥青面层补强方式；路面结构强度不足可采用基层与面层同时补强方式。路面结构性补强层与下承层间应采用黏层、封层等措施，保证补强层与下承层间有效的黏结防水。当需要尽快开放交通时，基层选用沥青混合料或级配碎石柔性基层。路面结构性补强如果引起路面高程变化、与路面结构物衔接、横坡调整等，应采用综合措施进行处治，保证护栏高度和防撞等级达到原设计标准。

应急性养护

应急性养护指在突发情况下造成路面损毁、中断、产生重大安全隐患等，为较快恢复路面安全、通行能力而实施的应急性抢通保通和抢修养护工程。

应急性养护包括抢通保通和应急修复。抢通保通是指对突发灾害造成的严重损坏、损毁等造成交通中断的公路基础设施所采取的应急抢通和保通措施。应急修复是指对突发灾害造成的严重损坏或损毁采取的应急修复工程。应急性养护是一种临时性措施，是为了重建前的安全原因或行车要求所做的补救措施。

应急性养护应遵循"快速反应、有效抢险、及时处治、保障安全"的原则，制订应急抢险预案，建立应急抢险工作机制，配备应急抢险队伍、设备、物资等。对存在通行安全重大隐患的公路基础设施，应加强观测，及时预警，并增设相应的交通安全标志。对影响安全运营的突发性公路灾害，应及时启动应急预案，并开展抢通保通工作，灾后及时安排应急保通工程。实施应急性养护作业时，应及时增设交通安全设施，需中断交通的，应采取分流措施。

稀浆封层

稀浆封层是采用机械设备将乳化沥青、粗细集料、填料、水和添加剂等按照设计配比拌和成稀浆混合料摊铺到原路面上形成的功能层。

按照矿料级配的不同，可以分为细封层（Ⅰ型）、中封层（Ⅱ型）

和粗封层（Ⅲ型），分别以 ES-1、ES-2、ES-3 表示。按照开放交通的快慢，可以分为快开放交通型稀浆封层和慢开放交通型稀浆封层。按照是否掺加了聚合物改性剂，可以分为稀浆封层和改性稀浆封层。

　　稀浆密封是细硬骨料的混合物，通常为 3 毫米级配材料。在冷拌工艺中涂以沥青乳液。如果在路面出现严重恶化之前进行泥浆密封，则现有完好路面的使用寿命可延长多年。

　　稀浆封层一般用于二级及二级以下公路的预防性养护，也适用于新建道路的下封层。①细封层。矿料颗粒尺寸较小，沥青含量较高，具有较好的渗透性，有利于治愈路面裂缝及中、轻交通道路的薄层罩面处

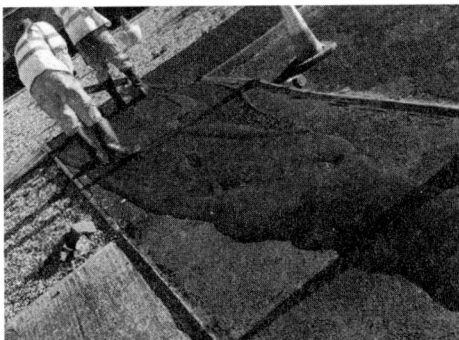
稀浆封层

理，尤其适合于寒冷地区道路及轻交通道路使用。②中封层。含有足够数量的细集料和乳化沥青，又含有一定数量的粒径较大的颗粒，使得稀浆混合料既能够渗透路面裂缝之中，又兼具一定的抗滑性和耐磨性，用途广泛，是铺筑中等交通量道路磨耗层常用的类型，也适用于旧路修复罩面。③粗封层。混合料中有一定数量的较大粒径的颗粒，封层表面较为粗糙，适用于一般道路的表层抗滑处理，铺筑高粗糙度的磨耗层。

微表处

　　微表处指采用专用机械设备将聚合物改性乳化沥青、粗细集料、填

料、水和添加剂等按照设计配比拌和成稀浆混合料摊铺到原路面上，并很快开放交通的、具有高抗滑和耐久性能的薄层。

微表处的封层开放交通时间的长短，依工程所处环境的不同而变化。通常在气温为 24℃，湿度为 50%（或更小）的状况下可以在 1 小时内开放交通。按照矿料级配的不同，微表处可以分为 Ⅱ 型和Ⅲ型，分别以 MS-2 和 MS-3 表示。

微表处是在稀浆封层技术的基础上发展起来的，在材料、设备、工艺等方面较稀浆封层均有突破，是当前功能最完善、适用范围较广、最具前景的一种预防性养护技术，具有防水、防滑、改善道路表观等多种功能。封层效果优于稀浆封层，使用寿命一般为 4 ～ 6 年或更长，性价比较高。

微表处主要用于以下场合：高速公路，一、二级公路的沥青路面的预防性养护罩面和沥青路面的车辙修复，以及水泥混凝土路面、水泥混凝土桥面、水泥混凝土隧道道面罩面；新建或改扩建高速公路，一、二级公路的沥青路面、水泥混凝土桥面的表面磨耗层。

碎石封层

碎石封层指在喷洒沥青类结合料后立即撒布一定规格的粗集料，经碾压而形成的薄层功能层。

按照材料和应用场合，碎石封层包括应力吸收膜封层（SAM）、应力吸收膜黏结层（SAMI）、土工布增强碎石封层等多种不同的类型。按照施工工艺的不同，碎石封层可以分为普通碎石封层和同步碎石封层。

单层碎石封层

双层碎石封层

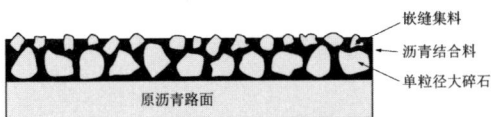

三明治式碎石封层

按照施工层次，碎石封层可以分为单层碎石封层、双层碎石封层和三明治式碎石封层等不同的类型。单层碎石封层是指喷洒一层沥青结合料，撒布一层集料后碾压形成的封层。集料的撒布可以是一次完成，即单层碎石单层结合料的碎石封层；也可以分两次完成，即先撒布一层粗集料，碾压后再撒布一层细的嵌缝料。双层碎石封层是指先喷洒一层沥青胶结料，撒布一层碎石，碾压使碎石嵌入胶结料，然后再撒布一层胶结料，撒布碎石（其粒径约为第一层碎石最小粒径的1/2），再进行碾压。三明治式碎石封层则是首先撒布一层碎石，用胶轮压路机压稳后喷洒第一层沥青结合料，然后撒布第二层碎石，用胶轮压路机碾压而成的碎石封层。

碎石封层有良好的抗滑性能、封水效果，且具有施工设备简单、施工速度快等优点，可用于普通公路沥青路面的预防性养护以及低等级或轻交通量道路的路面。

超薄罩面

超薄罩面指厚度小于 25 毫米的沥青混合料罩面。

超薄罩面的厚度，尚无十分严格的界定，各个国家的认识也各有不同。中国国内道路工程界通常将把压实厚度在 2 厘米以内的热拌沥青混合料罩面称为超薄罩面，将压实厚度在 2～3 厘米的热拌沥青混合料罩面称为薄层罩面。罩面厚度减薄，必然对其性能提出更高要求：一是要有易密实性，二是要有牢固的黏结性，三是要有良好的抗滑性能，这都需要从材料、设备等方面进行有针对性的提升和改进。

薄层／超薄罩面有不同类型，按照混合料类型的不同，薄层／超薄罩面混合料类型主要包括 SMA-10，SMA-5，SAC-10，OGFC-10 等。按照混合料拌制工艺的不同，薄层／超薄罩面可以采用热拌技术、温拌技术等。按照施工设备和工艺的不同，薄层／超薄罩面可以采用传统摊铺、双层摊铺等。

厂拌热再生

厂拌热再生是在拌和厂将沥青混合料回收料（RAP）破碎、筛分后，以一定的比例与新矿料、新沥青、沥青再生剂等加热拌和为混合料，然后铺筑形成新路面结构层的再生利用方式。

厂拌热再生是几种沥青路面再生方式中适用范围最广的再生技术，其基本理念是在不影响混合料性能的前提下使用一定比例的沥青混合料回收料（RAP）。因此，厂拌热再生混合料的各项性能指标要求和设计参数与对应的热拌沥青混合料是一致的，原则上可以对各等级公路、城市道路的 RAP 进行热拌再生利用，再生后的混合料可以根据性能用于各个等级公路、城市道路的各个层位。但是在实际工程中，该技术有其适用范围和使用条件，推荐用于中下面层和柔性基层。

厂拌热再生混合料中沥青混合料回收料（RAP）的掺配比例受到再生混合料级配筛分结果、性能要求与拌和设备类型的显著影响。一般而言，对于间歇式拌和设备，RAP 与新材料的典型掺配比例为 10：90～30：70，连续式拌和设备 RAP 与新材料的掺配比例可达 50：50。

就地热再生

就地热再生是采用专用设备对沥青路面就地进行加热、翻松，掺入一定数量的新沥青、新沥青混合料、沥青再生剂等，经就地拌和、摊铺、碾压等工序，形成新路面结构层的再生利用方式。

就地热再生技术主要分为：①复拌再生（remixing）。将旧沥青路面加热、翻松，就地掺加一定数量的再生剂、新沥青混合料、新沥青（需要时），经热态拌和、摊铺、压实成型。②加铺再生（repaving）。将

作业中的就地热再生机组

旧沥青路面加热、翻松，就地掺加一定数量的再生剂、新沥青（需要时），拌和形成再生沥青混合料，利用再生复拌机的第一熨平板摊铺再生沥青混合料，利用再生复拌机的第二熨平板同时将新沥青混合料摊铺于再生混合料之上，两层一起压实成型。

国际上还有一种叫作表层再生（surface recycling）的就地热再生工艺，这种工艺在中国很少使用，因为它只掺加再生剂而不掺加新集料或者新混合料，不调整沥青混合料回收料（RAP）级配，适用条件比较苛刻。

由于路面就地加热往往较为困难，因此就地热再生单层再生深度一般不超过 5 厘米，主要用于路面预防性养护或者罩面前对原路面的病害修复。

厂拌冷再生

厂拌冷再生是在拌和厂将沥青混合料回收料（RAP）或者无机回收料（RAI）破碎、筛分后，以一定的比例与新矿料、再生结合料、水等在常温下拌和为混合料，然后铺筑形成沥青路面的再生利用方式。再生结合料可以是乳化沥青、泡沫沥青或者水泥、石灰等。

厂拌冷再生技术具有再生工艺易于控制、适用范围广、能耗低、污染小等优点，是沥青路面再生技术中适用范围较广的一种再生技术，适用于对各等级道路的 RAP 进行冷拌再生利用。厂拌再生后的冷再生混合料，根据其性能和工程情况可以用于一、二级公路沥青路面的下面层及基层、底基层，三、四级公路新建工程和养护工程中沥青路面面层。

使用乳化沥青、泡沫沥青作为结合料的厂拌冷再生混合料的厚度一般在 6～14 厘米，使用水泥、石灰作为结合料的厂拌冷再生混合料的厚度与无机结合料稳定材料基层一致。厂拌冷再生层上面需要加铺一定厚度的沥青混凝土面层。

就地冷再生

就地冷再生是采用专用设备对沥青层进行就地冷铣刨，掺入一定数量的新矿料、再生结合料、水，经过常温拌和、摊铺、碾压等工序，形成新路面结构层的再生利用方式。具有 100% 利用旧路面材料、再生混合料性能较好、适用范围较广、能耗低、污染小等优点，是沥青路面再生技术中适用范围较广的一种再生技术。

就地冷再生适用于一、二、三级公路沥青路面养护工程中路面面层、基层的再生利用。施工期间交通组织方案经论证可行的，就地冷再生可用于高速公路、城市快速路沥青路面基层、底基层的就地再生利用，再生层用作基层、底基层。对于一、二级公路，再生层可作为下面层、基层、底基层；对于三级公路，再生层可作为面层、基层，用作表面层时应采用稀浆封层、碎石封层、微表处等做上封层。但使用水泥、石灰等作为再生结合料的全深式就地冷再生层只可作为基层、底基层。

公路改建工程

公路改建工程指对未适应交通量和荷载增长而提高技术等级指标的工程建设项目，旨在显著提高道路通行能力。公路改建工程包括整段加宽路基，改善公路线形，提高技术等级；整线整段提高公路技术等级，

2014 年 9 月 14 日，施工人员在对国道 317 线
马尔康至俄尔雅塘段进行公路改造工作

铺筑高级、次高级路面；新铺碎砾石路面；水泥混凝土路面病害处理后，
补强或改造为沥青混凝土路面等。

公路在经过长期运营后，不同段落路况存在差异，改建工程实施时
需分段评价路况和拟定改建方案。既有路面利用是改建工程的重要内容。
为避免浪费，需详细论证和设计，充分发挥既有路面结构性能，减少不
必要的开挖或铣刨；对开挖或铣刨的路面材料要积极、稳妥地再生利用，
或采用就地再生技术。此外，改建工程中需做好施工期交通组织设计和
临时安全设施设计。

加　铺

加铺是在原有路面结构上，采用直接加铺或铣刨至某一结构层再加
铺的养护工程。主要适用于消除破损、完全或部分恢复原有路面平整度、
改善路面性能的修复作业。

加铺工程在充分调查和分段评估既有路面状况基础上，分析路面损

坏原因，提出消除病害或延缓病害发展的具有针对性的加铺对策。由于路面加铺工程影响因素多，尤其是既有路面结构层性能评估和剩余寿命预估困难，加铺工程除依据必要的计算分析外，还要结合工程经验确定加铺方案。为避免浪费，加铺方案需详细论证和设计，充分发挥既有路面结构性能，减少不必要的开挖或铣刨；对开挖或铣刨的路面材料要积极、稳妥地再生利用，或采用就地再生技术。

对确定直接加铺的路段，在加铺前必须完成翻浆、坑槽、严重裂缝、沉陷、拥包、松散、车辙等病害的修复工作，并清除路面上的泥土杂物。

既有路面损坏不严重且结构性能良好时，加铺

工人们在湖北省汉宜（武汉—宜昌）高速公路仙桃段进行加铺沥青路面前的综合整治工作

工程需要利用既有路面结构性能，要求既有路面结构在设计使用年限内不发生因疲劳导致的结构性破坏，无论是直接加铺方案，还是铣刨至某一结构层再加铺方案，均需对既有路面和加铺层进行结构验算。既有路面损坏严重或结构强度明显不足时，无论是直接加铺方案，还是铣刨至某一结构层再加铺方案，仅需对加铺层进行结构验算。

第 3 章

公路运输节能减排

交通碳交易

交通碳交易是指交通运输行业二氧化碳（CO_2）排放权的交易，是为应对气候变化创建的市场交易体系。碳交易以 1 吨二氧化碳作为计算单位。

2013 年是中国的碳交易元年，上海、深圳、北京、广东、天津、湖北、重庆先后启动区域碳交易市场。2015 年，中国在巴黎气候变化大会上承诺，将于 2017 年启动全国性碳排放交易系统。

交通运输行业是全社会三大碳排放行业之一，积极参与到碳交易中。上海、深圳、北京等城市积极推动交通运输领域纳入碳交易试点工作中。上海率先将航空和港口纳入碳交易体系；深圳创新碳交易机制，推广新能源汽车应用；北京碳交易体系先后纳入交通固

北京市碳排放权交易开市
（2013 年 11 月 28 日）

定和移动源、交通运输类自愿核证减排项目的开展也日益增多。开展交通碳交易前，需先期建立包括管控范围与对象、核算方法、配额方法、抵消机制等方面的碳排放交易管理办法。

交通碳足迹

交通碳足迹是指在交通运输过程中直接及间接引起的二氧化碳（CO_2）排放总量，或是整个生命周期内累积的二氧化碳排放总量，即企业机构、活动、产品或个人通过交通运输引起的温室气体排放的集合。

交通碳足迹通过以下 4 种方法进行计算：①生命周期评估（LCA）法。是一种自下而上的计算方法，对产品及其"从开始到结束"的过程计算方法，计算过程比较详细准确。②能源矿物燃料排放量计算法（IPCC），IPCC 碳排放法是联合国气候变化委员会编写的温室气体清单指南，其在计算过程中全面考虑了温室气体的排放。③投入产出法（IO）。是一种自上到下的计算方法，但是该方法的计算结果不精确。④ Kaya 碳排放恒等式法。Kaya 碳排放恒等式通过一种简单的数学公式将经济、政策和人口等因子与人类活动产生的二氧化碳建立起联系。

《交通运输行业重点节能低碳技术推广目录》

此目录是经行业征集、评选，由中华人民共和国交通运输部定期发布的能够促进能源节约集约使用，提高能源利用效率，减少碳排放及能源浪费的技术清单。

中国共产党第十九次全国代表大会报告明确提出了"交通强国"战

略，绿色交通是交通强国的重要特征和内在要求，其中技术性减排是交通运输低碳发展的重要驱动力和支撑力，在行业内推广应用先进适用的节能低碳技术，是推进绿色交通建设的重要手段。

交通运输部作为行业主管部门，经行业广泛征集、通过专家评审、现场考察等方式对申报技术进行评选，定期发布《交通运输行业重点节能低碳技术推广目录》，通过这种方式形成了节能低碳技术推广应用的常态化工作模式和长效机制，围绕行业节能降碳需求，研究节能低碳技术应用特点，从节能低碳技术研发、试点、应用效果评估、目录征集到示范推广全链条开展工作，进一步促进节能低碳技术进步，引导行业应用先进适用的节能低碳技术，对推进绿色交通发展，服务交通强国战略具有重要意义。

节能低碳技术

节能低碳技术是以能够促进能源节约集约利用，提高能源利用效率和效益，遏制能源资源浪费，减少或消除二氧化碳排放，降低环境影响为基本特征的技术。

交通运输节能低碳技术是交通运输企业在生产运营过程中，基于企业节能降碳需求，根据自身实际情况总结出的优秀措施。具体可分为管理类、工艺类、操作类和产品类4种。

管理类节能低碳技术。管理类节能低碳技术强调企业的管理过程，通过顶层的协调管理，建立企业能源消耗的工作计划和管理制度，并在具体的生产运营中组织采取一定的节能措施，对具体的节能过程和工作实施领导和控制。通过建立各种能效管理制度，如能源消耗定额、节能工作规范、考核指标及奖惩办法等，减少各种浪费现象，杜绝不必要的能源转换和输送，在能源管理调配环节进行节能工作。

工艺类节能低碳技术。工艺类节能低碳技术主要指在生产中或能源设备使用过程中，总结研发先进的工艺手段代替传统工艺流程，通过减少工艺环节、降低中间环节能耗、加强资源循环利用等方式来减少生产过程中的能源消耗和二氧化碳排放，提高能源利用效率，节能降碳。如汽车维修企业采用绿色维修工艺，加强资源循环利用，减少汽车维修过程中的粉尘、废气排放；道路施工企业利用温拌沥青、沥青路面冷再生等先进工艺，代替传统的沥青拌和方式，减少沥青高温拌和中的燃料消耗等。

操作类节能低碳技术。操作类节能低碳技术主要指通过培训等方式提高人员的操作水平，从而达到节能降碳的目的。如通过培训，提高机动车驾驶员的节能驾驶操作技能，减少整车运行中的能源消耗。

产品类节能低碳技术。产品类节能低碳技术主要指通过开发或科学使用先进的节能低碳产品替代传统设备，或通过某些附件产品来提高设备本身的能源利用效率等。如在驾驶培训行业科学应用驾驶模拟器；在车、船上安装导流罩等节能附体，减小车船运行中的阻力等。

为在交通运输行业推广应用节能低碳技术，中华人民共和国交通运输部相继在行业内开展了"交通运输行业节能减排示范项目评选""交通运输行业绿色循环低碳示范项目评选"以及"交通运输行业重点节能低碳技术推广目录推选"等专项行动，形成了覆盖公路、水路交通运输全领域的节能技术体系，有效推动了节能低碳技术的推广应用。

汽车节能技术

汽车节能技术是根据汽车的工作原理，采用相应的先进技术改进汽车燃油经济性，减低车辆运行中的能耗，达到节能降碳目的的技术。

主要可分为发动机节能技术、整车节能技术、汽车使用节能技术及替代燃料技术等。

发动机节能技术。发动机的工作性能包括动力性、经济性、运转性能和可靠性等几个方面。其中动力性和经济性与节能的关系最为密切。只有在满足动力性的前提下，提高车辆的燃油经济性，才能切实达到节能目的。发动机节能技术可从提高充气效率、提高发动机机械效率、可燃混合气与发动机工况的合理

涡轮增压器横断面剖面图

匹配、提高循环热效率和提高发动机压缩比等方面进行研究，主要包括发动机稀燃技术、增压技术、可变气缸排量技术、可变配气正时技术、可变进气歧管技术、可变压缩比技术、汽油机缸内直喷技术、柴油机高压共轨燃油喷射技术、电子节气门技术等。

整车节能技术。除发动机外，影响汽车燃油经济性的因素还包括汽车传动系统、汽车行驶阻力、汽车整备质量等方面。整车节能技术主要包括改进传动系统、减少汽车行驶阻力、整车轻量化、制动能量回收系

新能源汽车与充电桩

统等。

汽车使用节能技术。汽车的科学合理使用也是汽车节能技术的重要组成部分。主要包括节能驾驶操作、合理选择经济车速、科学使用润滑油、科学管理和使用轮胎、科学进行整车维护维修等。

替代燃料技术。科学应用替代燃料汽车是增强中国能源结构多样化、推动节能降碳的重要手段。主要包括燃气汽车、醇类燃料汽车、纯电动汽车、混合动力汽车、燃料电池汽车等清洁能源和新能源汽车。

清洁能源汽车

清洁能源汽车是以清洁燃料取代传统汽、柴油的环保型汽车的统称。

分为4种类型：一是使用天然气、生物质燃料、煤基燃料等替代燃料作为燃料的代用燃料汽车；二是使用汽油、柴油或代用燃料但增加混合电动系统从而具有显著节油效果的混合动力汽车；三是单纯从电网取电使用蓄电池和电动系统驱动的纯电动汽车；四是利用车载氢燃料电池发电和电动系统的燃料电池汽车。

◆ 代用燃料汽车

代用燃料汽车主要包括天然气汽车、生物燃料汽车和醇醚类汽车。

天然气汽车

天然气汽车以天然气为燃料，主要成分是甲烷，是一种无色透明、无味、高热量、比空气轻的气体。由于组分简单，易于完全燃烧，加上燃料含碳少，抗爆性好，不稀释润滑油，能够延长发动机使用寿命。按照所使用天然气燃料状态的不同，天然气汽车可以分为压缩天然气（CNG）汽车和液化天然气（LNG）汽车。CNG 汽车使用的压缩天然气是指压缩到 25 兆帕（MPa）左右的天然气，储存在车载高压气瓶中；LNG 汽车使用天然气在常压下冷却至 -162℃ 后液化形成的 LNG 作为燃料，其燃点为 650℃，爆炸极限为 5% ～ 15%，安全性较高。LNG 汽车可以明显地压缩天然气体积，一次充气，可以行驶 400 千米以上，适合长途运输使用。与 CNG 汽车相比，LNG 汽车在安全、环保、整车轻量化、整车续驶里程等方面都具有优势。

在第四届亚太天然气汽车协会国际会议与展览会上展示的新型天然气汽车

生物燃料汽车

生物燃料汽车使用的生物燃料又称生态燃料，泛指由有机物组成或者制成的燃料，比如玉米制成的乙醇汽车燃料，或者回收食用油制成的生物柴油等。生物燃料可供提取的物质种类很多，比如玉米、黄豆、亚麻籽、油菜籽、甘蔗、椰子油、厨余食用油等，它不同于石油等传统燃料，属于可以再生的燃料。生物柴油与石化柴油相比，其理化性质多有相近，但燃烧后排放的二氧化碳、硫化物、碳氢化合物、烟尘颗粒和铅等有毒物质都减少约 70% 或更多，运输、储存、使用比柴油和汽油更安全。其缺点是：热值比石化柴油略低；氮氧化物排放微量增加；黏度高、雾化性能差、低温启动性差。欧洲是全球生物柴油的主要生产地和消费市场。

醇醚类汽车

醇醚类汽车主要使用的醇醚类车用燃料是甲醇和二甲醚。甲醇是重要的工业产品，作为燃料使用，经济性较好。甲醇汽油的掺混分为高比例和低比例两种。M85 标准是高比例掺混标准，要求甲醇汽油中甲醇含量为 70%～95%，需要改造汽车发动机。M15 标准是低比例掺混标准，要求甲醇汽油中甲醇含量约为 15%，无须改造汽车发动机。甲醇燃料与汽油相比，主要优势是：辛烷值高，理论上可以提高汽油机的压缩比；引火温度和自燃温度比汽油高，比汽油更安全；燃烧过程比汽油彻底，尾气中 HC、CO 及 NO_x 含量可显著降低。劣势是：汽化潜热大，冷启动比汽油困难；饱和蒸气压和沸点都较低，易形成气阻；甲醇是极性有机溶剂，易使橡胶和塑料零部件发生溶胀，提前老化，对某些有色金属具有腐蚀作用，这直接影响到汽车油路的密封性；随着甲醇含量的提高，排放物中往往含有甲醛和甲醇等有毒物质。另外，甲醇还是典型的神经毒物，对人类危害较大。要克服甲醇燃料的上述缺点，需对汽车发动机的点火装置和其他零部件作适当改造，同时对燃料供给系统进行严格密封处理，或与汽油混合使用，并加添加剂控制有害物质排放。

二甲醚是一种可以用煤、天然气、生物质来合成制取的清洁能源，具有无腐蚀、无毒性、污染排放少等优点，有利于保护环境，经济上也有一定优势。二甲醚可以 0～100% 的比例与柴油混对，用作柴油发动机燃料。二甲醚发动机的动力性能超过柴油机，噪声低于柴油机；二甲醚发动机不需要复杂的电控和排气后处理系统，就可以达到欧Ⅲ标准，部分指标已达到欧Ⅳ标准。但二甲醚也存在热值低、密度小、黏度低、润滑性差、对橡胶有溶胀性等缺点。作为车用燃料代替柴油时，柴油车的油箱、油路及进气系统都需要进行改造，储运和销售等方面需要专门建设，还需要加强二甲醚汽车实际应用可靠性和耐久性的研究。还缺少二甲醚汽车的发动机、燃料瓶、加气站等相关配套标准，二甲醚燃料在汽车上应用尚处于研发和实验阶段，不具备商业化推广的条件。

◆ **混合动力汽车**

混合动力汽车（HEV）是指同时装有内燃机车发电机和蓄电池的汽车。混合动力汽车分为微混车和中、深度混合动力车（即插电式混合动力车辆）两种。混合动力汽车与传统内燃机汽车相比具有以下优点：发动机断电能力可减少行驶时的能量损耗；减轻了发动机的重量；提高了燃料效率；减少了尾气排放；混合动力汽车还可用替代燃料驱动而不必依赖于矿物燃料。混合动力汽车有一定的减排效果，但还存在成本高、故障率高、寿命短等问题，其技术进步还将呈现长期、稳步、渐变的特征。

◆ **纯电动汽车**

纯电动汽车（BEV）是由电动机驱动的汽车。电动机的驱动电能来源于车载可充电蓄电池或其他能量储存装置，其难点在于电力储存技术。纯电动汽车本身不排放污染大气的有害气体，即使按所耗电量换算为发电厂的排放，除硫和微粒外，其他污染物也显著减少；并且技术相对简单成熟，只要有电力供应的地方都能够充电。但纯电动汽车还存在一些

新能源电动车辆在上海陆家嘴街头设置的
充电桩上充电

缺点：电动车续驶里程短，如铅酸蓄电池车行驶100千米就需再充电，即使采用镍氢电池、锂电池也只能行驶200千米；电池充电时间长；电池自重大、体积大，使车辆额定载客数大为降低；电池成本高、寿命短，且没形成经济规模，故购买价格较高。

◆ **燃料电池汽车**

燃料电池汽车（FCEV）是以氢气、甲醇等为燃料，通过化学反应产生电流，依靠电机驱动的汽车。燃料电池按电化学原理等温地直接将化学能转化为电能，化学反应过程中不会产生有害产物，因此没有污染。燃料电池的能量转换效率比内燃机要高 $2 \sim 3$ 倍，在理论上它的热电转化效率可达 $85\% \sim 90\%$，在实际上也可达到 $40\% \sim 60\%$。当燃料电池以氢作为燃料时，其制取过程中 CO_2 排放量比热机少 40% 以上。燃料电池运动部件少，噪声低，而且运行可靠，其性能和行驶里程与传统的汽油车一样。同时燃料电池汽车尾气排放少，有利于环保，但燃料电池价格极高。因此，燃料电池汽车还处于探索阶段，但作为新一代汽车能源动力的远期解决方案仍然被全球所看好。以复合增降高温膜、低铂催化剂、金属双极板为代表的新一代技术正在兴起。

第 4 章

公路环境保护

公路环境保护是由公路环境保护政策与制度、公路环境污染与防治、公路路域生态保护与修复、公路水土保持及公路景观与绿化等组成的环保工作的总称。是生态文明战略及环境保护基本国策在公路交通领域的具体要求和体现，是环境保护工作的重要组成部分，也是中国绿色交通体系的重要组成内容。

自 21 世纪 80 年代开始，随着中国公路交通基础建设的加速，公路交通环境保护事业也进入快速发展轨道。经过近 30 年的不懈努力，中国已建立、健全了较为完善的公路交通环境保护法规与管理体系，公路交通规划与建设项目环境影响评价制度、公路环境保护"三同时"制度以及公路工程环境监理制度等环境管理制度均得到了有效的贯彻和执行，行业内管理与技术人员的环境保护意识明显提高，公路环境保护投资力度日益加大，公路建设与运营中产生的环境污染与生态影响得到了有效的控制。同时，在各级交通科技主管部门的支持下，公路交通环境保护研究也得到了较快发展，获得了大量的研究成果，有力地促进了公路交通环境保护技术进步。

工作机制。公路交通环境保护工作逐步形成了以中华人民共和国交通运输部环境保护委员会为核心，综合规划司环境保护处为日常办事机构，各级公路交通运输主管部门和公路交通企事业单位为主力，部、省直属科研院所为支持保障的独具特色的公路交通环境保护工作体系。交通运输部环境保护委员会全面领导公路交通环保工作，形成了规划计划、基建生产、监管执法、科研信息等方面协同管理的工作机制。

位于青山峡谷里的湖北省兴山县古昭公路（古夫溪至昭君镇）
是三峡库区首次尝试避开挖山毁林、保护生态原貌的"水上公路"

法规制度。公路交通行业逐步完善形成了较为系统的环境管理、污染防治、科研监测、信息、教育法规标准体系。在国家有关环保法规标准的基础上，先后制定并颁布了《交通行业环境保护管理规定》《交通建设项目环境保护管理办法》《交通部环境监测工作条例》《公路建设项目环境影响评价规范》《公路环境保护设计规范》等规章、标准和规范，对交通建设项目的环保工作起到了指导及规范作用。在交通运输部颁发的现行各项公路工程技术标准规范中，有多项标准规范含有环境保护工作的专门条款规定。

环保监管。坚持公路交通环保工作与公路交通建设项目同步规划、同步实施、同步发展的原则，行业重点建设项目环境影响评价执行率达到 100%，"三同时"执行率保持在 90% 以上。为降低或减缓公路交通基础设施建设项目建设对环境的影响，交通行业加强对施工过程的监督管理，结合主体工程质量监理普遍开展了环境监理工作，总结出一些工作制度、方法和内容。

创新支撑方面。科研支撑能力逐步提高，环境监管能力和手段进一步加强。公路交通环保领域的基础研究、应用技术研究和急需的人才培养工作，为行业环保的良性发展提供了决策、技术和人才的支撑。交通运输部及有关院所已下达的公路交通环保科研项目达数十项，支持部属科研单位和有关院校建设了若干与公路交通环保研究相关的实验室。

公路水土流失

公路水土流失指公路建设过程中由于人为扰动地表和废弃土石方堆置而造成的水土资源和土地生产力的破坏和损失。包括两部分：一是公路占地范围内不受工程建设影响的本地水土流失；另一部分是由于土石方开挖、渣土堆砌、改变地形地貌等施工行为造成的公路占地范围内的新的水土流失。

◆ 特点

公路建设过程中的水土流失特点如下：①流失影响区呈线形。公路施工对周边环境的水土流失影响横向范围有限，与公路的纵向长度相比较可以忽略。因此，公路建设的水土流失影响区可以近似看作是一个线形区域。②涉及的土壤侵蚀类型复杂。公路线路一般较长，同一条公路常同时穿越几个不同的地貌区，甚至是不同的侵蚀类型区和气候区。由此，因施工扰动地表或堆弃渣土而引发的水土流失也会表现出复杂多样的类型。③土壤流失量大。公路建设会有巨大的土石方开挖和填筑数量，并可能产生大量的弃土、弃渣，这本身就是一种人为的土壤流失。特别是，如果工程施工过程中不能对弃土、弃渣进行很好的处置和防护时，则会导致极为严重的水土流失。④侵蚀强度的时段性和区段性变化。在时段上，公路建设期，路基开挖填筑、取土弃渣等施工活动会严重扰动地表，破坏植被和土体结构，导致土壤抗侵蚀能力降低，土壤侵蚀加剧；运营期，随着各类水土保持措施的实施并发挥其水土保持功能，工程引发的水土流失将逐步得到控制，土壤侵蚀强度将逐步降低到容许强度及以下。在区段上，由于公路施工扰动地表和破坏植被、土壤结构程度的不同，不同区段的土壤侵蚀强度也会表现出明显的差异。

◆ **易发生水土流失单元**

公路建设过程中易发生水土流失的单元，为公路修建产生的坡面单元和松散堆积单元。主要包括：①坡面单元。主要是路基开挖、填筑形成的路基边坡，取土、采石形成的坡面，弃土、弃渣坡面等。这些单元改变了下垫面的特征，地表坡度、土壤结构等因素发生了很大变化，新形成的坡面坡度一般比较大，降雨径流易于在坡面汇集，径流速度也相对变大，往往会对坡面土壤形成冲刷造成水土流失。②松散堆积单元。主要指弃土场、临时堆土场等。公路建设中的临时堆土和弃土往往以松散堆积的方式处置，如果保护措施不得力，极易受到水力或风力的侵蚀造成水土流失。特别是当堆存场地选址不当、上游有洪流下泄时，可能造成泥石流等灾害的发生。

◆ **危害**

公路建设过程中水土流失的危害主要包括：①影响公路自身的运营安全。路基的修建，改变了下垫面，降雨径流汇集易冲蚀坡面对路基造成破坏。特别是，边坡开挖可能破坏山体的稳定，易诱发崩塌、滑坡等地质灾害，对公路的运营安全产生隐患。②影响水文及水体水质，并可能淤塞河道。公路建设不可避免会增加不透水地面和改变地表坡度，使降雨产流历时缩短，径流汇集迅速，给河道行洪造成压力。同时，不透水地面还会阻碍降水对土壤水分的补偿，对地下水水文产生影响。公路建设期降雨径流冲刷地表往往会带走大量泥沙，挟沙径流进入水体会对水质产生影响，在流速小的地方，泥沙沉降也会造成河道、水库淤积，降低其防洪、灌溉功能。③破坏土地。公路穿越农田路段，建设期降雨径流挟带的泥沙可能在周边农田区形成沉降淤积，对土地的生产力形成破坏。公路建设对水文的影响也可能进而影响周边农田区的耕作条件，易造成土地沙化、退化。④对周边人群安全和生态安全产生隐患。弃渣场选址不当或防护不力，一旦遇上游洪水冲刷，可能会引发渣体垮塌、泥石流等灾害，对下游的人员安全和周边生态安全造成严重危害。⑤诱发灾害性天气。公路建设期，路基及边坡、取土场、弃渣场会在一定的时段内处于裸露状态，施工场地内也会有松散材料堆存，这都给风蚀提供了充分的沙物质，一旦遇大风天气，极易造成扬尘等灾害天气。

公路水污染与防治

公路水污染是指公路施工与运营过程中产生的有害化学物质造成水的使用价值降低或丧失以及由此引起的其他相关污染。污染环境的水，根据来源分为生产废水和生活污水。公路水污染与防治是对公路施工与运营过程中产生的污水的预防和治理措施。

◆ **污水来源**

公路施工生产废水的来源主要有：①桥梁桩基施工围堰中的废水。②预制场砂石料冲洗废水与预制结构养生废水。③隧道施工废水。④施工机械、船舶的跑、冒、滴、漏所形成的油污水。⑤原地貌扰动或植被破坏后形成的水土流失。公路生活污水主要来自施工人员驻地或运营管养人员基地未经处理而排放的生活污水。

公路施工生产废水的主要污染物有悬浮物和石油类。公路生活污水则以化学需氧量（COD）、五日生化需氧量（BOD5）、氨氮（NH3-N）、悬浮物、动植物油及石油类为主。相对于工业污水和城镇生活污水而言，公路水污染物的排放量较小，水污染的程度较轻。

◆ **防治措施**

公路施工生产废水污染防治的主要措施有：①采用对河流、湖泊等水体底泥扰动影响小的施工工艺。②禁止向水体弃土、弃渣。③对各类施工场地产生的生产废水采用隔油沉淀、絮凝沉淀等处理工艺。④及时恢复施工裸露面，减少水土流失。

公路生活污水污染防治的主要措施有：①采用二级生物接触氧化法、

湖北宜昌，在庙嘴长江大桥的建设过程中，为了保护中华鲟，
大桥不设水中墩采用悬索桥一跨过江，施工产生的泥浆全部
采用搅拌车封闭外运，废水禁止入江

膜生物反应器、人工湿地等污水处理工艺及装置进行处理。②中水回用，
减少污水的排放量。

公路路域生态保护与修复

公路路域生态保护与修复是根据公路建设和运营养护的特点，遵循
系统优化原理、生态学原理或自然法则，综合运用工程措施、生物措施
与农艺措施，对路域生态环境系统进行保护、恢复、改良或重建，使公
路设施人文景观与周围生态环境系统融为一体的工程方法。

◆ 发展背景

公路路域生态系统是指在公路用地界内和公路沿线与公路相关联的
自然生态系统。20 世纪 80 年代以前，相关研究主要基于个人兴趣、特
定或局部性的道路问题等。此后，关于公路路域生态问题的议题不断丰

富，多学科、多部门甚至多国合作的综合性、长期性研究成果迅速增多，路域生态学得以迅速发展。

◆ **主要特点**

公路建设和运营引起的路域生态环境影响多种多样，几乎涉及生态环境系统的各个方面，例如破坏自然植被、加剧水土流失、阻隔动物通道与生境、割裂水生态系统连通性、湿地退化、自然景观破碎化、生物多样性及外来物种影响等，同时又具有复杂的相互作用机制。

国际发达国家公路生态保护与修复主要有两个类型特点：一是以美欧为代表的最小破坏型，二是以日本为代表的最大恢复型。中国相关研究和应用起步相对较晚，20 世纪 90 年代以来，公路建设行业以不同的项目、渠道和投资力度对公路路域生态保护与修复技术研究应用给予支持，促进了像湿法喷播、三维土工网、湿地修复、动物通道等许多新型生态修复工程技术的应用和发展。

合理优化的公路规划与选线选址设计，使路线方案与生态环境的自然性相结合，能最大限度地避免或减少对生态系统的直接影响，是最经济、最有效的路域生态保护与修复措施。

◆ **主要内容**

植被恢复是公路路域生态保护与修复的重要内容之一。有别于普通园林绿化种植，路域植被恢复强调工程技术与植被种植技术相结合，例如吹附工法、拥壁工法、筋袋工法、网垫工法、连续纤维工法、喷播技术、厚层基质挂网喷附、水泥混凝土框格喷附、生态水泥喷附等工程技术，

内蒙古初步建成横跨中国三北的生态屏障。一条高速公路从
内蒙古鄂尔多斯境内库布齐沙漠边缘的生态防护林带穿过

青海高速公路上的动物通道

以及相配套衍生的客土技术、人工土壤技术、菌根技术、植生带（毯）、植生袋等生态技术。由于中国地域广阔，区域生态条件的差异显著，因此公路工程创面植被恢复需要考虑更多的因素，例如：如何改良立地土壤和水分条件、如何提高植被护坡功能的稳定性、物种配置如何兼顾短期与长期效果、如何促进周边原生物种尽快侵入坡面植物群落、如何降低植被养护成本等。

修建动物通道是缓解公路对野生动物通行阻隔效应的补偿措施，以满足野生动物觅食、寻偶、迁徙等活动的空间需求。根据野生动物生活习性，主要通道类型有跨线通道、下穿通道、隧道、桥涵、警示标志等。

湿地修复与重建是减缓湿地规模损失与功能退化最重要的补偿措施。湿地修复与重建应尽可能在原地进行，必须考虑湿地规模损失、水文条件、水系连通性、养分供应、沉积物保留、生物原生性与多样性及其生产力等重要因素。

公路水土保持、景观融合重建等，也是公路路域生态保护与修复的重要内容之一。公路路域生态保护与修复以路域生物措施或植被恢复为核心，以路域生态系统保护与恢复为目的，以公路景观美化与自然环境融合为特色，通过生态技术、土木工程技术有机结合应用，有利于减缓公路建设与运营对沿线水土保持、景观恢复、动植物生境等方面造成的不利影响，对保护路域生态系统、提高公路抗灾能力和交通运输安全性均具有重要的现实意义。

公路水土保持

公路水土保持是在公路建设过程中，对涉及区域采取预防和治理水土流失的行动举措。保护并改良土壤，对各类临时用地进行生态修复，维护和提高可绿化用地土地生产力，促进公路建设与区域环境协调发展。

中国公路水土保持经历了从被动防护到规范管理的发展历程，这与公路的建设规模及水土保持学科的发展直接相关。最初的公路水土保持就是边坡防护和排水，随着公路养护机构的成立，在公路滑坡、崩塌、风沙害等灾害防治方面也积累了一定的经验，这些措施主要是从保护公路的安全角度设置的，兼具了一定的水土保持功能。1991 年，《中华人民共和国水土保持法》（简称《水土保持法》）发布实施，规定了山区、丘陵区、风沙区（后续修订时增加了"易发生水土流失的其他区域"）的建设项目应当编制水土保持方案，并将其中提出的水土流失防治措施纳入项目的整个建设管理过程，与主体工程同时设计、同时施工、同时投入使用。加之后续相继出台的《开发建设项目水土保持技术规范》和《公路建设项目水土保持工作规定》，使公路建设的水土保持工作得到快速推进。公路建设中的水土保持工作已经形成包含水土保持方案编制、水土保持措施设计、水土保持措施施工及监理、水土保持设施验收的全过程建设管理流程。随着公路水土保持工作的逐步规范化，公路建设中的水土保持技术研究也得到飞速发展，边坡综合防治技术、取弃土场生态修复技术等一系列新技术的研发，为公路建设过程中水土资源保护提供了有效的技术保障。

公路建设中的水土保持措施包括工程措施和植物措施。而在管理上，又通常把两类措施中仅在建设期内发挥作用，公路建设完工后不再存在或发挥水土保持功能的措施归类为临时措施，如建设期内对路基裸露边坡采取的苫盖、剥离表土的临时防护等。

公路建设水土保持工程措施针对不同地区的特点而分为两类：对于以水力侵蚀为主的地区，主要包括路基、弃渣场等边坡的各类综合护坡（拱形骨架、菱形骨架、六棱框格护坡、三维网等），各类排水工程（边坡上方的截水沟、路基两侧的边沟、边坡急流槽及外排水的排水沟等），弃渣场拦挡、排水工程（挡渣墙、拦渣坝、拦渣堤等）；而对于以风力侵蚀为主的地区，则主要是各类机械固沙措施，通常也称为沙障，包括草方格、砾石压盖、黏土压盖、篱笆沙障、墙体沙障等。

公路建设水土保持植物措施是指在公路主体工程建设完成后，对公路占、用地范围内可绿化的土地采用适当的草、灌木、乔木配置进行植被恢复或复耕。包括各类边坡绿化、互通及沿线设施等区域的景观绿化、各类临时用地植被恢复等，采用的绿化方式则有直播种草灌、穴植乔灌、客土喷播等。

公路景观

公路景观是由公路本身和周围环境共同组成并出现在使用者视野中的图景的总和，对行车的安全和司乘人员的舒适度影响较大。

公路景观是景观工程学（又称公路美学）的研究内容。为了营造良好的公路景观，而做出各种安排称为公路景观设计或公路环境设计。

公路景观评价。运用社会学、美学、心理学、生态学、艺术、科技、建筑学、地理学等多门学科和观点，调查与评价拟建公路区域和沿线景观环境的现状，预见拟建公路在建设和运营中可能给景观环境带来的不利和潜在影响，进而提出景观环境保护、开发、利用及减缓不利影响的措施，为公路景观设计提供依据。

公路景观设计。包括对公路用地红线内及红线外可视范围内的带状走廊带中的自然环境和人文环境的保护、利用、开发、设计与完善的过程，涉及公路工程学、建筑艺术、交通心理学、生态学和园林学等多种学科，重点在于解决好中央分隔带、边坡、立交区、收费站、服务区、桥梁和隧道等公路构造物与环境之间协调性问题，同时，因地制宜地体现公路所经过地区独特的自然和人文风貌。公路景观设计应在保证交通安全的前提下，坚持生态、绿色、舒适、美观、节约的原则，避免过多人工造景，营造与环境相协调的舒适的公路路域环境。

公路环境管理

公路环境管理泛指管理者为了实现预期的环境目标，运用法律、标准规范、教育和行政等手段，对公路规划、建设、运营和养护全过程中产生的环境污染和生态破坏进行预防和治理。

公路环境管理的目的是协调公路交通发展与保护环境的关系，实现公路交通经济效益、社会效益和环境效益的有机统一。

在中国，公路环境管理的主要任务是：①监督检查公路规划、建设、运营及养护全过程中国家和行业环境保护法规的贯彻实施，主要包括：规划和建设项目环境影响评价制度，"三同时"制度（即建设项目中防治污染的设施，应当与主体工程同时设计、同时施工、同时投产使用），生态保护和污染物排放等管理制度。②研究制定公路交通行业环境保护政策、法规、标准规范和环境保护发展规划，提高行业环境保护管理的规范化与制度化水平。③组织开展公路交通环境保护科研、信息和技术交流，支持重点方向科研能力建设，以重大科研课题为依托，以行业重点科研平台为基地，培养科学技术人才。④加强宣传教育，不断提高全行业对环境保护的认识水平。

公路大气污染与防治

公路大气污染与防治指汽车、电车、摩托车等机动车辆在道路上运行时排放废气所造成的环境污染及其预防和治理措施。

交通工具排放的废气如一氧化碳（CO）、碳氢化合物（HC）、氧化氮（NO_x）、二氧化硫（SO_2）、苯并芘（$C_{20}H_{12}$）致癌物、铅化合物和臭氧（O_3）等是加重大气污染的主要因素。公路大气污染物不仅危害人体健康，而且还会破坏生态平衡，对人类健康和动植物生长造成危害，引起自然界生态与环境的不良变化。在一些机动车辆拥有量多的国家，已经成为一种公害，世界各国都制定汽车排放标准以限制汽车排放污染物。

公路大气污染排放防治措施主要有：①降低机动车污染物排放水平。对新增车辆必须坚定不移地执行国家关于机动车排放的最新法规，严格

湖南常德市城区新能源汽车充电桩一字排开，车主用手机扫二维码付费后接入充电接头即可充电。新能源汽车的推广应用，对改善城市环境，促进节能减排，减少空气污染发挥了重大作用

执法，对不达标的在用车辆必须严格实行淘汰制，降低在用车污染物的排放量。②提高燃油品质，发展代用燃料。使用压缩天然气（CNG）和石油液化气（LPG）是减少污染物排放的有效途径。③提高包括电动车在内的新能源车辆的比例。以燃料电池汽车、混合动力电动汽车和纯电动汽车的产业化技术为重点。④加强机动车运行管理。提高路网规划水平，运用大数据和云计算等技术手段提高交通管理水平。

公路噪声污染与防治

公路噪声污染与防治指机动车辆在公路上运行时所产生的干扰其沿线正常生活、工作和学习环境的声音及其预防与治理。

公路噪声源主要是机动车辆行驶时车辆本身以及轮胎与路面相互作用产生的。它由发动机噪声（包括进气噪声、排气噪声、风扇噪声、燃烧噪声、传动机件噪声等），以及轮胎路面噪声等声源组

高速公路上的吸声墙

成。机动车辆在低速运行时，以发动机壳体的振动噪声为主；当行驶速度大于 50 千米／时，轮胎噪声就上升为主要噪声。

公路噪声是一种随机的非稳态噪声，它与公路上交通流量、车型组成、行驶状态、公路条件，公路与受声者间有无遮挡、气候条件等多方面因素有关。

公路噪声可通过采取技术措施、管理措施和规划措施进行防治。技术措施主要从三方面进行：噪声源控制、噪声传播途径降噪以及噪声接受点降噪。噪声源控制主要是使车辆保持良好的技术状况，降低整车噪声。噪声传播途径降噪主要包括：①设置防噪声屏障；②建造防噪声绿化带；③采用低噪声路面。噪声接受点降噪一般采用通风隔声窗。管理措施主要包括：①控制交通流量；②降低车辆行驶速度；③禁止车辆鸣喇叭。规划措施包括：①控制交通干线与建筑物间距离；②临公路一侧建筑房间合理布局。

第 5 章

交通工程学

交通工程学是研究交通规律及其应用，并据此进行交通规划、设计、运行、运营、管理、服务、信息化与智能化等工作的一门工程科学。

交通工程学从交通运输系统的角度把移动的人和物、车、路、环境、能源、规则和信息作为一个统一体进行研究，兼有自然科学与社会科学多重特点。研究的目的是为了实现安全、通畅、公平、环保、舒适、经济地完成客货运输任务，不仅涉及道路工程、汽车工程、城市规划、电子与信息学、心理学等领域，而且涉及系统工程学、社会学、法学、经济学等学科，是一门正在发展中的综合交叉性学科。

交通工程学具有以下特点：系统性、综合性、交叉性、社会性、超前性、动态性等。交通工程学研究的基本内容可以概括为：交通特性、交通调查与分析、交通规划、交通设计、交通流理论、道路通行能力与服务水平、道路线形设计、交通管理、交通安全、交通环境、停车规划与设计、公共交通、智能交通、交通照明设计、交通仪器与设备等。

交通特性

交通特性是揭示交通特征性质的一些变量和反映交通时空变化的特

瞬时城市道路交叉口

征，为交通工程学的一个基本部分，是进行合理的、科学的交通规划、设计、运营、管理的前提和基础。

道路交通是以交通流为中心的复杂动态系统，主要由人（如驾驶人、行人、乘客等）、物（移动的货物）、车（如汽车、自行车等）、道路和环境、规则、信息等要素组成。因此，交通特性分析既要研究交通系统各要素自身的特性，如驾驶人的交通特性、行人交通特性、乘客交通特性、车辆交通特性、道路交通特性等，又要研究交通流的特性以及系统影响要素与环境因素之间的相关特性。通过调查分析研究交通特性，掌握现有交通条件和有关交通发展趋势的资料，揭示交通规律，作为编制交通规划、进行交通与道路线形设计和交通管理的依据。

交通系统管理

交通系统管理是对道路交通基础设施和交通流进行管制及合理引导，提高局部和整体交通设施容量，分流交通负荷，缓解交通压力，提高道路网络运输效率，以达到预期设计性能的系统。

交通系统管理是一种技术性管理，其主要管理对象是交通流。把交通作为社会生活的一个有机部分来管理，站在交通系统的角度上研究管理方案，评估方案实施的效果，提高交通系统在社会生活中的整体效用。

规划、协调、平衡、组织是管理的常用手段。主要包括节点交通管理、干线交通管理和区域交通管理。

利用工程信息技术及法制教育等手段，规划、运行城市交通系统，减少财政支出、节约能源、保护环境、提高生活质量。交通系统管理将私人汽车、公共交通、出租车、行人和自行车均视为交通系统中的组成元素，通过操作、控制和服务等，把上述独立的交通元素有机整合，期望达到总体上的系统效率最大，去适应人类社会生活。一个城市的规划建设离不开道路交通系统的规划和建设，交通规模、结构和功能也必须服务于城市生活对交通的需要。规划和建设与需求协调的道路交通系统是交通管理的重要基础。其主要性能旨在发现并解决与城市机能不协调的交通所产生的问题，并在结构、机能和接口等方面给出解决方案。

道路交通法规

道路交通法规是国家为道路交通管理制定的法律、法规、规章和技术标准等的总称，是国家行政法律法规的一部分。

道路交通法规一般由道路交通管理部门经调查研究、科学分析、系统总结、反复讨论，吸收国际经验而编制，并经立法机关审定通过正式发布。其目的在于维护交通秩序，保障交通畅通和车辆行人安全，协调人、车、路与环境相互之间关系，也是实行交通管理控制、进行交通宣传和安全教育的依据，一切参与道路交通活动的部门、单位、车辆、机器和个人都必须切实遵守。违反交通法规、造成交通事故者应视情节轻重、损失大小依法予以处分，甚至追究刑事责任。道路交通法规具有法律性、强制性、社会性和适应性。

车辆在十字路口，遵守交通法规，依法行车

中国的道路交通法律法规主要有以下 4 方面内容：①各种车辆与驾乘人员的管理；②道路交通秩序的管理；③对交通违章和肇事人员的处理；④交通设施的建设、管理与维护。主要包括：《中华人民共和国道路交通安全法》《中华人民共和国道路交通安全法实施条例》《中华人民共和国公路法》《公路安全保护条例》《中华人民共和国道路运输条例》《道路交通事故处理程序规定》《生产安全事故报告和调查处理条例》等。

《中华人民共和国道路交通安全法》及《中华人民共和国道路交通安全法实施条例》主要从车辆和驾驶人、道路通行条件、道路通行规定、交通事故处理、执法监督、违法责任等方面提出相关要求，以规范中华人民共和国境内的车辆驾驶人、行人、乘车人以及与道路交通活动有关的单位和个人的行为，维护道路交通秩序，预防和减少交通事故，保护人身安全，保护公民、法人和其他组织的财产安全及其他合法权益，提高通行效率。

《中华人民共和国公路法》从公路规划、公路建设、公路养护、路政管理、收费公路、监督检查、法律责任等方面，对在中华人民共和国境内从事公路的规划、建设、养护、经营、使用和管理活动提出要求，以加强公路的建设和管理，促进公路事业的发展，适应社会主义现代化建设和人民生活的需要。《公路安全保护条例》则是根据《中华人民共和国公路法》，从加强公路保护，保障公路完好、安全和畅通的目的制定的条例，通过对公路路线、公路通行、公路养护、法律责任等方面的要求，强调各级人民政府应当加强对公路保护工作的领导，依法履行公路保护职责，任何单位和个人不得破坏、损坏、非法占用或者非法利用公路、公路用地和公路附属设施。《中华人民共和国道路运输条例》主要从道路旅客运输经营和道路货物运输经营、道路运输相关业务包括站（场）经营、机动车维修经营、机动车驾驶员培训等方面提出要求，以维护道路运输市场秩序，保障道路运输安全，保护道路运输有关各方当事人的合法权益，促进道路运输业的健康发展。

为了规范道路交通事故处理程序，保障公安机关交通管理部门依法履行职责，保护道路交通事故当事人的合法权益，相关单位根据《中华人民共和国道路交通安全法》及其实施条例等有关法律、行政法规，制定了《道路交通事故处理程序规定》，从道路交通事故的管辖、处理程序、调查和处理、事故认定、处罚执行等方面进行了规定。部分道路交通事故涉及生产安全的，则应当按照《生产安全事故报告和调查处理条例》进行报告和调查处理。《生产安全事故报告和调查处理条例》制定的主要目的则是为了规范生产安全事故的报告和调查处理，落实生产安全事故责任追究制度，防止和减少生产安全事故。

道路交通管理

道路交通管理是利用工程技术、法制、教育等手段，科学处理道路交通中人、车、路和交通环境之间的关系，以保证有序的交通流，确保行车和行人的安全，使交通尽可能安全、通畅、公害小和能耗少的一系列管理措施的总称。

主要从人、车、路、行政法制四个方面开展道路交通管理：①驾驶员教育与培训。如驾驶人员安全教育与考核，交通法制、交通意识与交通安全教育和宣传等。②车辆管理。对车辆的技术监督和安全管理，如检验车辆信息，检查车辆号牌，查验车况、部件、排放，监督车辆的制造、保养、维修等。③道路技术管理。如设置交通标志和道路标线、信号设施、道路照明设施，监测交通发展动态，进行交通信息发布，开展路口、路段或路网管理等。④行政管理与法制管理。行政管理是指采取临时的或局部性的交通管理措施，如组织单向行车、限制左转、禁止通行、规划交通专用车道、车辆调控等。法制管理是指制定和颁布法规，实施日常交通执法，建立驾驶员、车辆的管理制度，建立各种违章与事故处理规则并监督实施。

平面交叉口管理

平面交叉口管理是在平面交叉口处所进行的交通组织、管理与控制。

城市道路十字交叉口

平面交叉口按交通管制方式的不同，可分为全无管制交叉口、主路优先管制交叉口、信号（灯）控制交叉口、环形交叉口等几种类型。交叉口是道路网中道路通行能力的"隘路"和交通事故的"多发地"。

平面交叉口管理的原则主要有：①减少冲突点，平面交叉口交通安全的根本点是减少冲突点，可采用单行线、在交通拥挤的交叉口排除左右转弯等方法。②控制相对速度，可严格控制车辆进入交叉口的速度。③重交通车流（干道或主干道上的交通流）和公共交通优先，在轻交通流方向（支路）上设置减速让行或停车让行标志，或是延长重交通车流方向上的绿灯时间，对公共交通亦可如此。④分离冲突点和减小冲突区，交叉口上的交通流是复杂的，各

城市道路环形交叉口

种车辆在合流与分流过程中存在大量的车辆交叉运动。⑤选取最佳周期，提高绿灯利用率。

优先通行管理

优先通行管理是在交通运输过程中，为了使交通运输资源得到有效利用，缓解交通压力，畅通大众出行同时保障行人出行安全等，对一些特殊车辆所采用的一种优先通行的管理方法。

优先通行管理主要内容包括公共交通优先通行和自行车优先通行。

公共交通优先通行常用的策略有：①设置公交专用车道，一般设在城市中心区的主要道路或者是通向中心区的主要放射性道路上，以及交通拥挤的桥隧或道路的瓶颈地区，在这些地方供公交优先通过；②设置公交专用道路，是指允许公交和行人通行的道路；③交叉口公交优先通行，公交车由于自身车辆性能的限制，在交叉口处往往会受到更大的延误，因此在交叉口优先通行十分必要。

自行车优先通行管理常用方法有：①右转弯专用车道；②左转弯专用车道；③左转弯候车区；④停车线提前法；⑤两次绿灯法；⑥自行车横道。

道路交通标线

道路交通标线是由标画于路面上的各种线条、箭头、文字、立面标记、突起路标、路边轮廓标等所组成的交通安全设施。它的作用是引导与管制交通，可以与标志配合使用，也可单独使用，是保障交通安全，改善行车秩序的重要措施，也是道路交通法规的重要组成部分之一。交通标线具有强制性、诱导性和服务性。

按功能，道路交通标线分为指示标线、禁止标线和警告标线。按形态，又可分为线条、字符标记、突起路标、路边线轮廓标线。标线应能确保车流分道行驶，导流交通行驶方向，指引车辆在会合及分流前驶入合适的车道，加强行驶纪律和秩序，减少事故。标线应保证白

十字路口交通标线

天和晚上均具有视线诱导功能，并应做到车道分界清晰、线向清楚、轮廓分明。

道路交通标志

道路交通标志是用图形符号、颜色或文字，向交通参与者传递特定信息的道路交通管理设施。又称交通标志。

按功能分为主标志和辅助标志两大类。

行人过街交通警示标志

主标志包括：①警告标志。通常为顶角向上的等边三角形，黄色底、黑边、黑图案。用于警告车辆、行人注意前方有危险。如预告交叉路口、急弯、傍山险路等。②禁令标志。通常为圆形，也有八角形、顶角向下的等边三角形。除个别外，颜色为白底、

红圈、红杠、黑图案，图案压杠。用于禁止或限制车辆、行人的交通行为。如禁止通行、禁止停车、限制速度等。③指示标志。通常为圆形和长方形，也有正方形，蓝色底白色图案。指示车辆、行人行进。如直行、左转、右转、单向行驶、绕行等。④指路标志。通常为长方形和正方形，在一般道路为蓝底白图案，在高速公路为绿底白图案。用于传递道路前进方向、地点、距离等信息。有地名标志、著名地名标志、分界标志以及高速公路出入口、服务区所在地等指示牌。此外，主标志还有棕色底、白色字符的，指引旅游区、旅游符号的旅游区标志和路栏、锥形交通标，提示施工区的道路施工安全标志。

辅助标志是在主标志无法完整表达（或指示）其规定时，附设在主标志下、起辅助说明的标志。长方形、白底、黑字、黑边框。可分为表示车辆种类，表示时间，表示区域或距离，表示警告、禁令理由 4 种。辅助标志不能单独设立。

交通标志按设置方式，分为两类：①固定标志。为永久性标志，有立柱式、悬臂式、门架式和附着式（安装在其他结构物上）多种。②可动标志。为临时性标志，设置于施工现场等地，用毕后即撤走。

交通标志按发光性能分有照明标志、发光标志（一般用荧光材料制成）和反光标志。反光标志的反光膜用透明树脂、玻璃微珠或反光金属等材料制成，也可将玻璃珠压入塑料中制成。此外，还出现了可变信息标志。它通过现代信息技术和计算机网络联网，及时提供天气、自然灾害、交通事故等信息。

车　道

车道是在路面上供单一纵列车辆行驶的带状部分。

车道根据所处位置可分为内侧车道、中间车道、外侧车道。内侧车道指多车道的车行道上紧靠道路中线的车道。中间车道指多车道的车行道上位于中部的车道。外侧车道指多车道的车行道上紧靠路边侧的车道。

车道根据其功能可以分为普通车道和专用车道。专用车道指的是规定只允许某种车辆行驶或只限某种用途使用的车道，如公交车专用道、小客车专用道、左转弯专用道。

贵阳中环路车道

车道的关键参数为车道宽度和车道数。为了交通安全和行驶顺适，公路车道需要根据交通组成、车速高低确定车辆以不同速度行驶时所需的宽度。

车道宽度与设计速度的关系表

设计速度（km/h）	120	100	80	60	40	30	20
车道宽度（m）	3.75	3.75	3.75	3.5	3.5	3.25	3

城市道路的车道宽度，同时要考虑道路的设计速度和车道功能。

车道数是指机动车道路上用实线划分出的车道数量。道路的车道数应根据预测的交通量、设计速度、服务水平等确定。高速公路、一级公路、城市快速路的车道数最少为 4 个。

爬坡车道

爬坡车道是设置在高等级公路的上坡路段，供慢速上坡车辆行驶用的车道。

在道路纵坡较大的路段上，载重车爬坡时需要克服较大的坡度阻力，导致车速下降，载重车与小客车的速度差变大，超车频率增加，不利于行车安全；同时，混合车流之间速度差过大时，必将减小高速车行驶的自由度，导致通行能力下降。为了消除此不利影响，宜在陡坡路段增设爬坡车道，将易受坡度影响的低速车分流于爬坡车道上行驶，这样既能发挥经济效益，又避免了强行超车，以策安全。欧洲一些国家将增设爬坡车道作为改进公路交通安全的一项必要措施。

四车道高速公路、四车道一级公路以及二级公路的连续上坡路段，载重汽车的运行速度降低到容许最低速度以下的路段推荐设置爬坡车道，爬坡车道的宽度一般不小于 3.5 米，且不大于 4.0 米。爬坡车道紧靠行车道的外侧设置，二级公路可利用硬路肩宽度。六车道以上的高速公路，一般情况下可不设置爬坡车道，主要考虑其外侧车道可以行使因上坡减速后的载重车，而内侧车道仍可供小客车正常行驶。

路侧净区

路侧净区指公路车行道以外、无障碍物、车辆驶出车行道后可以停车或驶回公路的带状区域。

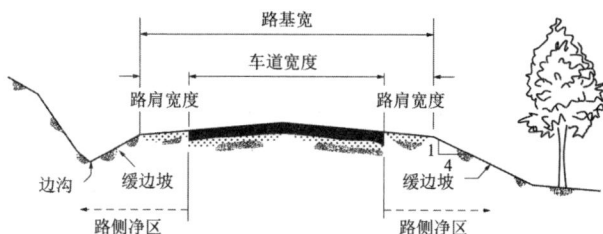

路侧净区示意图

　　路侧净区是道路宽容性设计理念在道路工程设计中的体现，其基本思想是驾驶人的驾驶行为不可能始终保持正确，其微小的错误不应以严重伤亡为代价，道路尽量提供宽容的路侧环境使驶出车行道的车辆及司乘人员所受的伤害减至最小。路侧净区的典型特征是缓和的路肩和边坡，并保持一定的宽度，不慎离开行车道进入路侧净区的车辆基本可以自行返回车行道。

　　路侧净区的宽度与道路设计速度、交通流量、路段几何设计参数等因素有关。实践经验和研究证明，多数情况下 9 米宽的路侧无障碍净区

路侧净区实景图

设计能够很好地保证驶出路外车辆的运行安全。此外，平缓的边坡设计也是路侧安全设计的关键环节，一般情况下车辆在通过 1∶4 的边坡时，驾驶人能够较好地控制车辆，有效防止车辆侧翻，同时车辆也能够重新驶回行车道。

纵 坡

纵坡是路线纵断面上同一坡段两点间的高差与其水平距离之比。通常以百分率表示。

若纵坡较大，汽车上坡时的行车阻力大、耗油量大，下坡时为保证安全多次刹车从而影响制动器的使用性能，且当路况不良或遇到紧急事件时容易发生事故；若纵坡较小，在山岭重丘区则必须采用高填深挖或绕越以增加路线的长度，公路修建费用就会相应增加。因此，纵坡设计应根据公路的技术等级和所经地区的自然条件，经过技术经济比较后确定合理的纵坡参数。

纵坡设计的关键参数为坡度和坡长。

坡度控制主要为最大坡度和最小坡度。最大坡度主要考虑载

纵坡实景

重汽车的爬坡性能和公路通行能力，根据设计速度选取不同的最大纵坡，同时最大纵坡也考虑了海拔高度、气候情况等自然条件对汽车爬坡能力的影响，对于海拔 3000 米以上的高原地区，最大纵坡有所折减。最小纵坡主要考虑路面纵向排水的需要，避免地表水渗入路基，影响其强度和稳定性，各级公路的最小纵坡不小于 0.3%。

坡长限制包括最大坡长和最小坡长两方面的限制。对于较陡纵坡的坡段，若坡长过大，上坡时为了克服坡度阻力而采用低挡导致汽车爬坡无力，下坡时连续制动导致制动器发热而失效。因此，对于纵坡大于 5% 的路段，最大坡长必须加以限制。最小纵坡主要考虑到公路应尽量减少纵坡转折以满足行车平顺性，一般情况下，应保证汽车在坡道上的行程时间为 9 ～ 15 秒。

车 速

车速是汽车（机动车）在单位时间内驶过的距离。常用单位是千米 / 时或米 / 秒。

汽车行车速度是描述交通流的关键参数之一，在交通流理论的研究中占有重要地位。汽车行车速度也可泛指机动车行车速度。

为适应不同用途，汽车行车速度主要有地点车速、路段车速和设计车速之分，以及具有实际意义的最佳车速和经济车速。①地点车速是汽车通过道路某指定地点的瞬时速度，一组地点车速观测值的算术平均数为平均地点车速。地点车速广泛应用于交通工程中，是制定道路设计车速，设置交通控制设施，确定交通管理方法，采取交通改善措施及其经济分析，探索各型汽车速度发展趋势，评定道路交通设施、交通管理及改善措施等交通效果的依据。②路段车速随行车时间的取法不同，有行驶车速和行程车速之分。行驶车速是车辆行驶路程除以行驶时间（不包括停车时间）之商。行驶车速可表示某路段的行驶难易程度，是分析道路通行能力的依据。行程车速是车辆行驶路程除以行程时间（包括停车时间）之商，也称全行程车速。所有车辆或其中某类车辆所行经的距离之和除以它们各全行程时间之和所得的商，称为平均全行程车速。行程车速是衡量路线通畅程度及分析路上发生延迟原因的依据，常用城市道路所能提供的服务等级来确定。③设计车速是为确定道路各几何要素的设计指标并使之相互协调而制定的车速。几乎所有的道路几何要素都同设计车速有关。设计车速是确定道路各类几何要素的基本车速，确定道路设计车速是道路设计中的重要决策问题之一。④最佳车速是道路某断面上交通量最大时的车速，供理论上分析道路通行能力时用。⑤经济车速是车辆在行驶中消耗燃料最省时的车速，是研究合理消耗交通能源的重要依据之一。

速度管理

速度管理是综合考虑道路功能、道路几何设计、交通流量、横向干扰水平、气候环境等因素，为不同道路使用者确定合理的道路限速区域和限速值，并通过执法、工程、教育等措施使道路使用者遵循限速规定的工作。

◆ 价值作用

速度已经被视为影响道路交通事故的一项关键性风险因素。研究表明，40%～50% 的驾驶人在日常驾驶过程中经常性地不遵守限速规定。其原因是，很多驾驶人倾向于快速行驶以更快地到达目的地，而驾驶人在驾驶过程中无法全面、准确地获取道路信息，很容易低估道路上存在的风险。

通常，车辆的行驶速度越高，事故中产生的能量越大，事故导致的

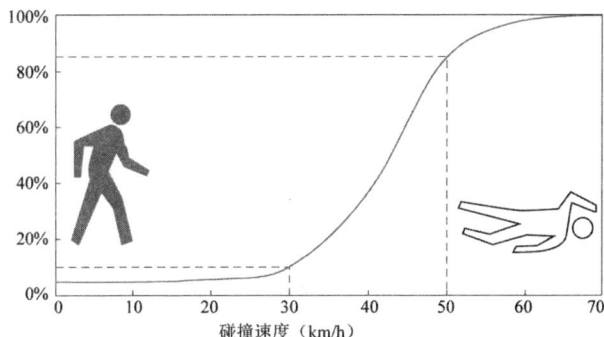

行人与车辆碰撞遭受致命伤害的可能性示意图

伤害程度也更高。研究表明，车辆行驶速度超过 30 千米 / 时，其撞击行人产生的伤害将超过人体的承受能力，行人被 50 千米 / 时速度的车辆撞击时，死亡风险约 80%。

因此除了设置限速标志，还必须通过执法、工程、教育等措施使驾驶人遵循限速的规定，真正达到速度管理的目的。

◆ **法律规定**

限速值的确定要兼顾交通系统的两个基本需求，即安全与效率，但是因为交通事故影响到了人的生命权，因此对于安全的考量更为重

限速警告标志

要。道路限速值的确定首先要符合法律和法规的规定。

《中华人民共和国道路交通安全法实施条例》第四十五条规定，机动车在道路上行驶不得超过限速标志、标线标明的速度。在没有限速标志、标线的道路上，机动车不得超过下列最高行驶速度：①没有道路中心线的道路，城市道路为每小时 30 千米，公路为每小时 40 千米。②同方向只有 1 条机动车道的道路，城市道路为每小时 50 千米，公路为每小时 70 千米。第四十六条规定，机动车行驶中遇有下列情形之一的，最高行驶速度不得超过每小时 30 千米，其中拖拉机、电瓶车、轮式专用机械车不得超过每小时 15 千米：①进出非机动车道，通过铁路道口、急弯路、窄路、窄桥时。②掉头、转弯、下陡坡时。③遇雾、雨、雪、沙尘、冰雹，能见度在 50 米以内时。④在冰雪、泥泞的道路上行驶时。⑤牵引发生故障的机动车时。

在满足法律法规的基础上，综合考虑道路的几何线形、结构物特征、历史上发生交通事故的情况、车辆的实际行驶速度的统计数据、天气条件以及交通流组成等多种因素综合确定道路的限速值。一些特殊路

港珠澳大桥多车道高速公路的分车道限速

段的限速值应该针对性考虑，例如公路附近有学校，学生经常穿行的路段，应根据学校区域机动车、非机动车隔离设施或信号灯的设置情况、视距条件、沿线环境以及学校与公路的相对位置等因素确定特定限速值，干线公路通过学校区域，特定限速值宜为 30 ～ 40 千米 / 时，并不应超过 50 千米 / 时，其他公路通过学校区域，特定

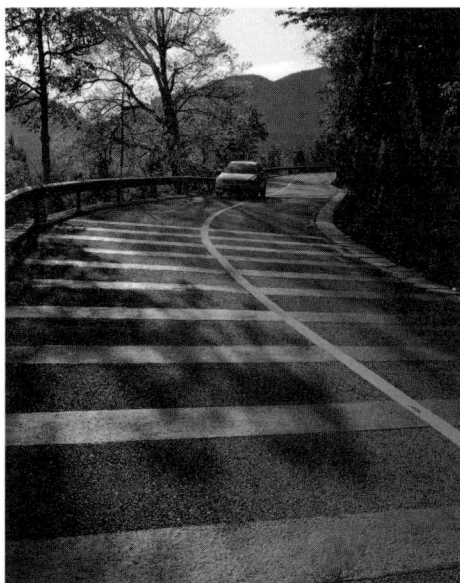

横向减速标线

限速值不宜超过 30 千米 / 时。在确定限速值基础上，根据道路交通特征，可以采取更加细化的限速方案，如在多车道公路上实行分车道限速，分离不同速度车辆至不同的车道上，实现安全和通行效率的同步提升。

限速值一旦确定，就需要采取措施确保驾驶人能够遵守道路限速要求。最有效的措施是加强超速执法。《中华人民共和国道路交通安全法》赋予了限速标志法律上的意义，必须通过培训和宣传确保驾驶人初次领取驾驶执照时能够准确理解限速标志的要求和法律含义。交通执法部门通过定点测速、区间测速等方式测量车辆行驶速度，依据法规对违法者采取罚款和扣分的处罚。世界卫生组织（WHO）鼓励世界各国采取随时、随地的方式阻止道路上的超速行为，因为超速行为违法，而且与公众的利益相悖。

◆ **技术措施**

除了加强对超速行为的执法，也可以通过一定的工程技术措施引导驾驶人控制车速，包括黄闪灯、减速标线、视错觉标线、减速丘、渠化标线、路面抗滑铺装层、减速路面等，这些措施与限速标志的组合使用能够帮助驾驶人更好地控制车速。

虽然严格执法和工程措施能够有效减少超速行为，但是最重要的方面在于全社会交通安全文化的形成，在于每一名驾驶人真正认识到超速的危害并且自觉避免超速。因此，宣传和起于学校的交通安全教育也是速度管理至关重要、必须持之以恒的措施。

尽管政府和社会已经做出了巨大的努力，但是速度管理仍然是全世界道路安全从业者所面临的重大挑战之一，需要执法、工程、科学研究、教育各界同心协力、长期持久的努力。

设计速度

设计速度是确定公路设计指标并使其相互协调的设计基准速度。设计速度一经选定，公路的所有相关要素，如平曲线半径、视距、超高、纵坡、竖曲线半径等指标均与其配合以获得均衡设计。

中国公路和城市道路设计采用的运行速度要求见下表：

表 1　公路设计速度

公路等级	高速公路			一级公路			二级公路		三级公路		四级公路	
设计速度（km/h）	120	100	80	100	80	60	80	60	40	30	30	20

表2 城市道路设计速度

城市道路等级	快速路			主干路			次干路			支路		
设计速度（km/h）	100	80	60	60	50	40	50	40	30	40	30	20

设计速度是根据道路的功能、等级、服务水平、沿线地形地质等条件，同时考虑工程规模及造价等因素确定的。设计速度不是道路上车辆的实际行驶速度，它决定的是道路设计中能够采用的设计指标的最低值，绝大多数路段的设计参数都高于设计速度对应的最低值。因此，实际车辆的运行速度有时会高于道路的设计速度。

车头间距

车头间距是在一条车道上同向行驶的一列车队中，前后相邻车辆之间的间距。一般用车辆上具有代表性的点来衡量，如前保险杠或前轮。

车头间距描述交通流中前后相邻两车之间的距离。车头间距从微观角度看只与交通流中独立的一对车直接相关。车流密度和速度影响车头间距的分布，尤其在中高密度状态，速度对密度的改变相当敏感，对于确定车头间距至关重要。因此，微观的车头间距与宏观交通流三大参数（流量、密度、速度）密切相关。在混合车流条件

车头间距

下，车头间距的分布与车型密切关联，主要体现在车身尺寸与车的动力特性的差异两方面。尤其是在跟随状态下，由于前后车型组合的序列不同，所要求的最大纵向间距在理论计算中就存在差异，在实际的车流运动中这种差异将更加突出。

车辆行程时间

车辆行程时间指车辆运行一段路程所需要的时间。在实时检测车辆通行信息的情况下，能够预测更准确的到达时间。

车辆行程时间是表征并评价交通系统的重要参数之一。对行程时间的可靠预测，还可以帮助人们在交通拥堵时进行正确的道路选择，避开较为拥堵的路段，鉴于车辆行程时间与道路通行条件、交通流量及其构成、管理措施等密切关联，因此，行程时间预测长期以来被公认为一个具有挑战性的工作。

道路路线设计

道路路线设计是根据道路工程相关技术标准和规范，对道路路线立体几何形状及其相关诸因素的综合设计。

道路路线设计的要素主要有：①道路平面线形上的平曲线、超高率、缓和曲线、圆曲线加宽、视距等；②道路纵断面上的纵坡坡度、坡长、竖曲线等；③道路横断面上的车道宽度、车道布置、路拱、分隔带、路肩、边坡等；④道路平面交叉和互通式立体交叉的布设等。

道路路线设计应考虑的因素：①根据公路功能、服务的交通流量、沿线自然条件等，确定公路等级、设计速度。②根据道路在路网中的位置、功能，综合考虑路线走廊带范围的远期社会、经济发展，城市、工矿企业的现状与规划，

道路路线设计示意图

铁路、水路、航空等其他运输方式的布局，自然资源状况等，确定路线的起讫点，主要控制点以及与路线相互平行、交叉等项目的衔接关系。③在查明路线走廊带的自然环境、地形、地质等条件的基础上，考虑路线同生态环境、资源利用的关系，减少对生态的影响程度，最大限度地保护环境。④做好同综合运输体系、农田和水利建设、城市规划等协调与配合，合理确定建设规模，切实保护耕地，使走廊带的自然资源得到充分利用，道路建设得以可持续发展。⑤保持道路线形的均衡与连贯，适应车辆通行和驾驶人认知规律，保证车辆行驶的安全性和舒适性。

圆曲线

圆曲线是道路平面走向改变方向时所设置的连接两相邻直线段的圆弧形曲线。在道路圆曲线上，道路的几何曲率保持不变，驾驶人在操作车辆转向时，方向盘的转角也基本保持不变，便于驾驶人操控车辆，提高舒适性。因此道路线形设计规范，要求不论道路转角大小，均应设置

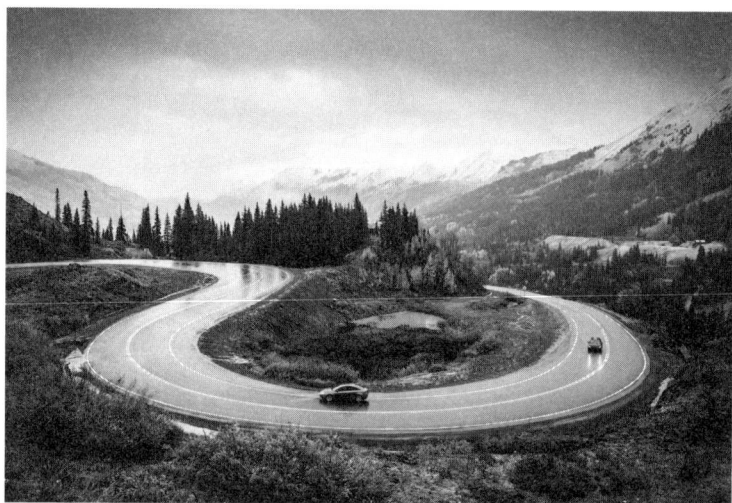

山路弯道圆曲线

圆曲线。

圆曲线的最关键设计参数是圆曲线半径，其取值直接影响车辆运行安全。因此，设计规范中对圆曲线可以采用的最小半径有严格的规定。

圆曲线最小半径，是以汽车在曲线部分能安全而又顺适地行驶所需要的条件而确定的，圆曲线最小半径的实质，是汽车行驶在公路曲线部分时所产生的离心力等横向力不超过轮胎与路面的摩阻力所允许的界限。根据车辆在弯道上行驶时的受力状况及各种力的几何关系，可推导出如下计算公式：

$$R = \frac{V^2}{127(u+i)}$$

式中 R 代表圆曲线半径（米）；V 代表设计速度（千米/时）；u 代表横向力系数，极限值为路面与轮胎之间的横向摩阻系数；i 代表路面的横向坡度。

根据该原理，公路和城市道路圆曲线最小半径和设计速度以及横向坡度的规定如下表：

圆曲线最小半径表

设计速度（km/h）		120	100	80	60	40	30	20
圆曲线最小半径（m）	一般值	1000	700	400	200	100	65	30
	极限值	650	400	250	125	60	30	15

当圆曲线半径过大时，驾驶人通过视觉很难判断出圆曲线与直线的区别，因此，中国公路路线设计规范规定圆曲线最大半径不宜超过10000 米。

路拱坡度

路拱坡度是路拱横向的倾斜度，又称路拱横坡。以百分率表示。

路拱是指路面的横向断面做成中央高于两侧，具有一定坡度的拱起形状，其作用是利于路面横向排水。路拱所采用曲线的线形，有抛物线、直线接抛物线和折线等线形。折线形路拱有施工简便、利于机械化等优点，在道路上广泛应用。

高速公路、一级公路整体式路基的路拱一般采用双向路拱坡度，由路中央向两侧倾斜；高速公路、一级公路分离式路基的路拱采用单向横坡，并向路基外侧倾斜，也可采用双向路拱坡度；二级公路、三级公路、四级公路的路拱应采用双向路拱坡度，由路中央向两侧倾斜。城市道路的多幅路应采用由路中线向两侧的双向路拱横坡、人行道采用单向横坡，单幅路则根据道路宽度决定采用单向或双向路拱横坡。

路拱坡度

路拱坡度应根据路面宽度、路面类型、纵坡及气候条件等确定。在一般情况下，干旱地区可采用低值，多雨地区宜采用高值；位于严重强度降雨地区，路拱坡度还可适当增大或采用更有利于排水的路拱形式。整体式高速公路和一级公路路面较宽，位于中等强度降雨地区时，路拱坡度可采用2%；二级公路、三级公路、四级公路的路拱坡度一般不小于1.5%。城市道路的路拱坡度一般采用1.0%～2.0%，城市快速路及降雨量大的地区采用1.5%～2.0%；严寒积雪地区路拱坡度要适当小一些，一般为1.0%～1.5%。

缓和曲线

缓和曲线指道路平面几何线形中，在直线与圆曲线、圆曲线与圆曲线之间设置的曲率连续变化的曲线。

在道路线形中设计缓和曲线最重要的作用是实现道路线形曲率的连续过渡，缓和曲线的线形多种多样，如回旋线、三次抛物线、半波正弦型曲线、多心复曲线等。在中国道路线形设计中，采用的缓和曲线形式是回旋线，因此在道路线形设计中也将缓和曲线称为回旋线。

缓和曲线的本质特征是曲率随着弧长呈线性变化，在道路直线与圆曲线衔接或者两个曲率半径不同的圆曲线衔接路段，设置缓和曲线可以

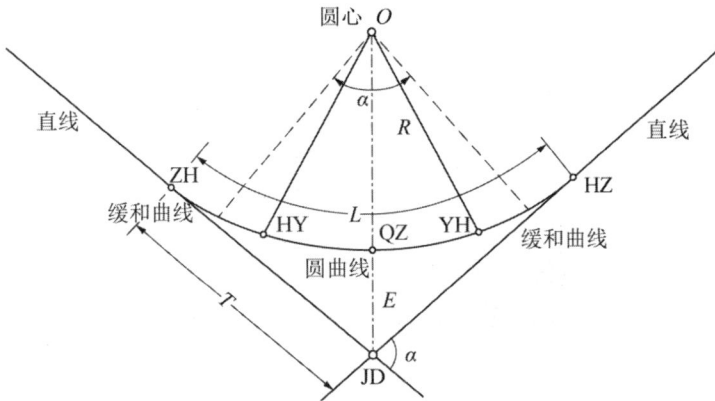

缓和曲线示意图

使道路线形的曲率平滑变化，与驾驶人为适应道路线形曲率变化而匀速转动方向盘的操作动作，以及车辆的行驶轨迹相符合，能够显著提高行车的安全性。同时在缓和曲线路段，车辆行驶的离心加速度连续变化，不会出现突变，保证了车内乘员的舒适性。

在道路线形设计中，缓和曲线除了具备道路线形曲率的平滑过渡的

缓和曲线实景图

功能，道路横坡以及横断面宽度的变化过渡通常也在回旋线路段完成，能够提高行车的稳定性。

立体交叉

立体交叉是道路与道路或铁路在不同高程上的交叉。简称立交。

立体交叉分为上下层道路之间互不连通的分离式立体交叉（简称简单立交），以及上下各层道路之间用匝道或其他方式互相连接的互通式立体交叉。

互通式立体交叉通常用于高速公路或一级公路与其他等级公路相交。根据形状，可以分为菱形、喇叭形、叶形、苜蓿叶形、涡轮形等形式。

分离式立体交叉实景图

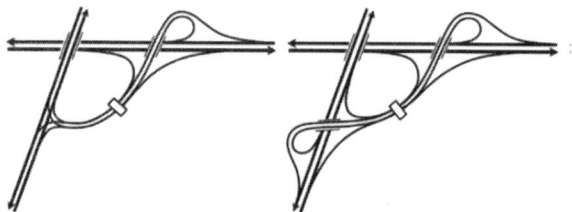

单喇叭形与双喇叭形互通式立体交叉示意图

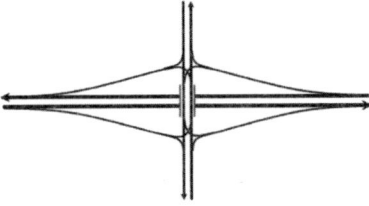

菱形互通式立体交叉示意图

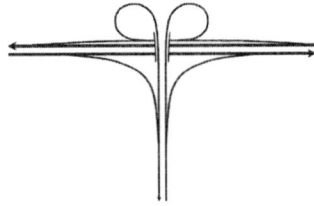

叶形互通式立体交叉示意图

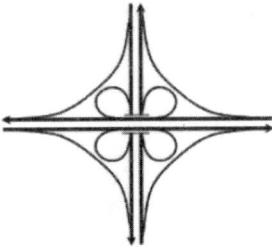

a 无集散道

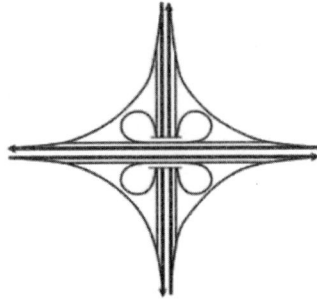

b 带集散道

苜蓿叶形立体交叉示意图

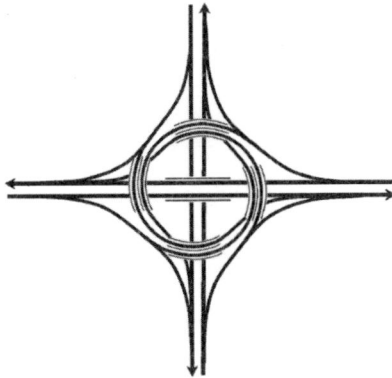

涡轮形互通式立体交叉示意图

圆曲线超高

圆曲线超高指车辆在圆曲线道路上行驶时，由于向心力和横向力的作用容易发生滑移和倾覆，为了抵消离心力，提高车辆行驶的安全性和稳定性，将圆曲线路段的横断面设置为外侧高于内侧的单向横坡的形式。

◆ 技术限定

超高横坡度应根据设计速度、圆曲线半径、路面类型、自然条件和车辆组成等情况综合确定，必要时应按运行速度予以验算。通常当平曲线半径较大时，路面横向摩阻力就可以保证车辆有足够的稳定性，这时可以不设置超高，而当平曲线半径小于某一阈值（称为不设超高最小半径）时，则必须设置超高。但各等级公路圆曲线可采用的超高值也有所限制，这是因为当超高坡度太大时，会导致车辆沿超高横坡向内侧下滑的危险，特别是当路面上有积雪或结冰时，低速行车或停车时就更为危险。规范中针对各级公路圆曲线部分的最大超高值有如下规定：

各级公路圆曲线最大超高指标

公路等级	高速公路、一级公路	二级公路、三级公路、四级公路
一般地区（%）	8 或 10	8
积雪冰冻地区（%）	6	

◆ 超高过渡方式

由直线段的双向路拱横断面逐渐过渡到圆曲线段的全超高横断面，其间必须设置超高渐变段，按其选用转轴在公路横断面组成中的位置可分为：

无中间带公路

①超高横坡度等于路拱坡度时，将外侧车道绕路中线旋转，直至超高横坡值。②超高横坡度大于路拱坡度时，分别采用以下过渡方式：绕内侧车道边缘旋转，新建工程宜采用此种方式；绕路中线旋转，改建工程可采用此种方式；绕外侧车道边缘旋转，路基外缘受限或路容美观有特殊要求时可采用此种方式。

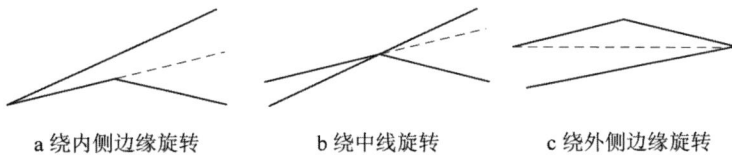

　　a 绕内侧边缘旋转　　　　b 绕中线旋转　　　　c 绕外侧边缘旋转

无中间带公路的超高过渡方式示意图

有中间带公路

①绕中间带的中心线旋转，中间带宽度小于或等于 4.5 米的公路可采用。②绕中央分隔带边缘旋转，各种宽度中间带的公路均可采用。③分别绕行车道中线旋转，车道数大于 4 条的公路可采用。

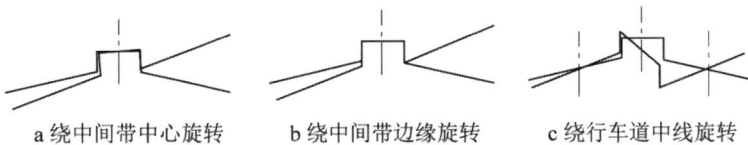

　　a 绕中间带中心旋转　　　b 绕中间带边缘旋转　　　c 绕行车道中线旋转

有中间带公路的超高过渡方式示意图

分离式路基

按无中间带公路分别予以过渡。

公路项目安全性评价

公路项目安全性评价是从公路使用者的角度，按一定的评价程序，采用定性与定量的方法，对公路交通安全进行全面、系统的分析与评价。在公路交通行业又称公路安全性评价、交通安全评价、行车安全评价，或简称安全性评价、安全评估。其核心是评价公路及其设施和交通环境等对交通安全的影响，目的是通过评价提供有利于交通安全的条件，从而减少交通事故，降低交通事故危害程度，提高公路项目安全水平。

公路交通安全评价起源于英国，随后澳大利亚、新西兰、丹麦、荷兰等国家相继实施。中华人民共和国交通运输部于 2004 年发布了《公路项目交通安全评价指南》，同时也将公路项目安全评价理念正式在中国推广，至今已经被广泛应用到公路项目的建设和管理过程。公路项目安全性评价适用于高速公路、一级公路、二级公路和三级公路，覆盖了公路项目的工程可行性研究阶段、初步设计阶段、施工图设计阶段、交通阶段和后评价，对提高公路项目交通安全水平起到了推动作用。

公路项目安全性评价适用的评价方法有安全检查清单、经验分析法和运行速度协调性分析等方法。

安全保障工程

安全保障工程是中华人民共和国交通运输部以"消除隐患、珍视生命"为主题，对公路上影响行车安全的隐患路段，采用综合措施进行整治，并结合日常养护工作以提高公路行车安全性的专项工程。

公路安全保障工程于 2004 年由交通部（现交通运输部）统一部署实施，2014 年截止。据统计，十年间，全国公路交通部门共投入 343.8 亿元，用于新增护栏 7500 万延米，整治视距不良路段 21 万处，各类标志 180 万块，标线 4 亿延米，减速设施 28 万处，示警桩 681 万个，示警墩 1400 万延米，使全国 88 条国道、1051 条省道和 200 余条县道上的安全隐患得到有效处置，超过 33.6 万千

在山坡陡路设立轮胎"红绿灯"

米的道路步入"安全高效"的运行轨道，广大人民群众和驾乘人员对此表示充分肯定。

历时十年的公路安全保障工程虽已结束，但由国务院部署，交通运输部组织实施的"安全生命防护工程"接踵而至，排查公路安全风险，科学有序完善公路安全设施，全力打造"平安交通"，为人民群众出行创造更加安全畅通的公路交通环境的工作还在有序开展。

交通安全风险评估

交通安全风险评估是从基础设施和交通运行角度，对公路分路段

量化评估交通事故发生概率及损失的可能程度，分析高风险成因，并基于评估结果制定最优化的安全完善策略，预估未来安全效果，包含风险源辨识、风险分析、风险指数计算和分级等内容。

相对于传统的经验判别法和定性分析手段，公路交通安全风险评估聚焦公路基础设施，通过量化评估路段发生交通事故的可能程度，系统反映公路基础条件、路侧环境、交通运行情况等多种因素对行车安全的综合影响，并在地图上以不同颜色，直观展示高风险路段的位置和事故严重程度；按照评估和分级结果，分步制定高风险路段的安全改善实施计划与针对性的处治措施。公路风险评估技术顺应了中国大规模公路网的安全管理要求，也是安全改善资金计划编制、处治措施效果分析的重要工具。

公路风险评估包括交通事故风险评估、公路设施风险评估和公路综合风险评估三方面。"交通事故风险评估"体现突出重点、优先处治事故多发易发路段的原则；"公路设施风险评估"则可预见性地判别一些虽然当前事故不突出但潜在风险突出的路段；二者结合得到公路综合风险评估结果，依据评估结果，分风险等级制定针对性的安全改善技术措施，分"轻重缓急"制定安全改善的时间计划与资金计划，全面、持续提升公路交通安全保障水平。

将交通事故风险评估结果和公路设施风险评估结果相结合分析，将公路综合风险分为 A、B、C、D 四级：①A 级，公路设施风险和交通事故风险均较高，属于高风险路段，需要重点关注，优先采取处置措施。②B 级，公路设施风险较高，但交通事故风险较低，应注意潜在风险控制，

完善公路设施，强化交通安全管控。③C级，公路设施风险较低，但
交通事故风险较高，需要在完
善公路设施的基础上进一步强
化安全管理。④D级，公路设
施风险和交通事故风险均较低，
应加强交通安全养护。

交通事故风险 公路设施风险	I	II	III	IV	V
I	D	D	D	C	C
II	D	D	D	C	C
III	D	D	D	C	C
IV	B	B	B	A	A
V	B	B	B	A	A

公路综合风险评估图

应用公路风险评估技术，
可把握整体，对指定的公路网进行相对宏观的风险分级，制定安全改善
的决策；可聚焦局部，对公路网中的高风险路段进行相对微观的风险分
析，提供安全处治的对策。除此之外，还可完成特定条件下的公路风险
比较，进行交通管控方案的比选。

交通分配

交通分配是将预测的各区之间不同交通方式的交通运输量（通常是
OD矩阵）分配到具体的道路网络之上，求出各路段的交通流量，据此
对城市交通网络、区域公路网络的交通运行质量做出分析和评价的过程。

交通分配是交通需求预测中的一个重要步骤，它是将交通分布预测
中得到的未来年交通出行分布量（OD矩阵）按照现有或规划中的路网
分配到道路网络上，从而获得各路段上的交通量。

交通分配分静态交通分配（static traffic assignment; STA）和动态交
通分配（dynamic traffic assignment; DTA）两类。静态交通分配是把确
定的OD矩阵分配到交通网络上，即OD矩阵是已知的并不随时间变化，

它反映的是交通网络长期的平衡状态，主要服务于城市交通系统规划与管理。动态交通分配的特点是在分配过程中增加了时间变量，即 OD 矩阵是随时间变化的，能反映实时变化的交通状况，把路网的时变性、拥挤性等特征表现出来，主要服务于城市交通控制与实时诱导。

交通规划

交通规划是以现状调查为基础，预测未来的人口、土地使用和经济发展状况而制定的有关交通的长远发展计划。包括规划的实施方案、进度安排和经费预算等，是城市或区域总体规划中的组成部分。

交通规划中的交通指的是以汽车为主要运输工具的交通。交通规划按时限分，有远期规划和近期规划两种。远期规划着重在贯彻新的交通政策、筹划新的交通系统和道路网、改变现有设施，期限一般为15～20年；近期规划着重在发挥现有设施的作用。交通规划按范围分，有城市交通规划和区域交通规划两种。

广义的交通规划包括交通设施体系布局规划、交通运输发展政策规划（又称交通发展白皮书）、交通运输组织规划、交通管理规划、交通安全规划、交通近期建设规划等。狭义的交通规划主要是指交通设施体系布局规划和近期建设规划，具体而言是根据对历史和现状的交通供需状况同地区的人口、经济和土地利用之间的相互关系的分析研究，对地区未来不同人口、土地利用和经济发展的情形下，交通运输发展需求进行分析和预测，制订未来交通运输设施发展建设的规模、结构、布局等方案，并对不同方案进行评价比选，确定推荐方案，同时排定建设实施方案（包括建设项目时序、投资估算、配套措施等）的一个完整过程。交通规划旨在实现未来交通系统的供需平衡，是建立完善综合运输系统的重要保障，是解决道路交通问题的根本措施，是获得最佳交通运输效益的有效途径，是实现城市与城际交通科学化、现代化管理，充分利用现有道路交通设施的重要环节。

本书编著者名单

编著者 （按姓氏笔画排列）

于咏妍	王　丹	王　杰	王赵明
王清池	区传金	方福森	田　波
权　磊	任春晓	李　枭	李思李
杨久龄	杨佩昆	何　哲	宋尚斌
张　浩	张　娱	张佐周	张国胜
张学礼	张巍汉	陈永胜	陈雨人
邵社刚	尚千里	周兴业	宗成强
赵娜乐	郝思源	秦永春	晏晓林
徐　剑	奚成刚	高润泽	董金松
董博昶	魏显威		